Kauderwelsch

Band 4

Kauderwelsch

Griechisch für Globetrotter

Karin Spitzing

Kauderwelsch Bd.4
Griechisch für Globetrotter
von Karin Spitzing

papilio print

Peter-Rump-Verlag
Buddestr.15
4800 Bielefeld 1

1.Auflage, 1984
ISBN 3-922376-44-4

Illustrationen:
aus Büchern der Jahrhundertwende

Fotos:
Günter + Karin Spitzing

Konzeption, Gesammt-Layout:
Peter Rump

Satz:
Hubertus Adam, Bielefeld

Druck + Weiterverarbeitung
D+L, Herford

Reproarbeiten:
Manni Schömann, Bielefeld
Kramer&Taborsky, Bielefeld
D+L, Herford

Dieses Buch ist gegen **Vor**einsendung von
12.8o DM (Schrck im Brief) erhältlich bei

Rump-Verlagsauslieferung
Heidekampstr.18
4450 Lingen (Ems)
oder im Buchhandel

Inhalt

Kauderwelsch – Sprechführer sind anders!

Warum? Weil sie dich in die Lage versetzen, sofort mit dem Sprechen zu beginnen.

Bevor ich nun anfange, diese Reihe in den Himmel zu loben, will ich eben erklären, warum herkömmliche Sprachführer das oft nicht leisten:

Zu 90% liegt es am grundsätzlichen Aufbau dieser Büchlein: Der angebotene Grammatikteil hat oft nur Alibifunktion, und zielt nicht darauf ab, dir das System der Sprache zu vermitteln. Die angeführten Sätze und Phrasen enthüllen oft nur die Tatsache, daß der Autor das betreffende Land nie gesehen hat und demnach nicht die Sprache des "normalen Menschen" spricht. Ich fand z.B. den Satz "Wie komme ich zur Straßenbahn?" in einem Indonesisch – Führer, obwohl es in ganz Indonesien keine Straßenbahn gibt.

Der fundamentale Nachteil herkömmlicher "Sprachführer" ist aber folgender: Angeführte Kommunikationsbeispiele werden in "schönes Hochdeutsch" übersetzt und lassen dich völlig ratlos zurück, wenn du ein einzelnes Wort identifizieren oder austauschen möchtest. Eine andere Sprache hat nämlich meist auch eine andere Wortstellung, häufig auch für ein deutsches Wort zwei eigene oder umgekehrt.

So bleibt dir eigentlich nur die Wahl zwischen dem Auswendiglernen eines ganzen Satzes oder dem Draufzeigen (mit der Hoffnung, daß dein "Gesprächspartner" lesen kann). Sprechen lernst du so auf keinen Fall.

Diese Erfahrung hat mich auf die Idee gebracht, wirklich nützliche (!) Sprachführer zu entwickeln. Ich nenne sie **Sprechführer**, weil sie dich in die Lage versetzen, zu sprechen. Vier Vorraussetzungen erfüllt jeder Band der Reihe:

1. **Grammatik** wird in einfachen Zügen so weit erklärt, daß es möglich wird, sich verständlich auszudrücken, wenn auch oft nicht gerade druckreif.

2. Alle Sätze werden doppelt ins Deutsche übersetzt, zum einen Wort für Wort, zum anderen in "ordentliches" Deutsch. Die **Wort – für – Wort – Übersetzung** ermöglicht dir das Sprachsystem, die Wortstellung und die Ausdrucksweise der jeweiligen Sprache sofort zu erkennen.

3. Die **Autoren** der Kauderwelsch – Reihe sind Globetrotter, die die Sprache im Lande selbst, und nicht nur an der Uni gelernt haben. Sie wissen was man wo, wie sagen muß und sin überdies in der Lage, das Wichtige vom Überflüssigen zu trennen.

4. Nonverbale Kommunikation: **Verhaltensregeln**, **Gesten** und **Zeichen** sind oft genauso unterschiedlich von unseren, wie die Sprache selbst. Darum werden auch diesbezüglich viele Tips gegeben.

Kauderwelsch – Sprechführer sind keine Lehrbücher, aber viel mehr als nur Sprachführer. Wenn du willst, und einige Vokabeln behalten kannst, wirst du mit ihrer Hilfe in kürzester Zeit Informationen bekommen und Erfahrungen machen, die einem "taubstummen Touristen" verborgen bleiben.

Ich wünsche dir viel Spaß unterwegs, und daß du viele nette Leute triffst.

Peter Rump (Herausgeber)

Vorwort

Heute ergießen sich Tausende sonnenhungriger Reisender über Griechenland und suchen – jeder auf seine Art - für einen begrenzten Zeitraum des Jahres die Erfüllung von Vorstellungen, die für sie zum Inbegriff sinnvollen Reisens geworden sind: Die einen möchten sich bilden, die anderen sich amüsieren, wieder andere möchten das Strandleben genießen und einige sich selbst verwirklichen. Und dann möchten sie alle - so verschieden sie auch sein mögen - eines ganz besonders: Sie möchten griechische Gastfreundschaft erleben! Und damit hapert es anscheinend in letzter Zeit ein wenig! Und dann wundern sich die Leute! Mich wundert es, daß sie sich wundern. Sie kommen daher, ganz von sich selbst überzeugt, finden das eine toll und das andere wiederum komisch, können dies begreifen und jenes dagegen nicht ab; nur zu einem sind sie leider nicht bereit oder nicht in der Lage: Griechenland und die Griechen so zu respektieren, wie sie sind. Nimmst Du den Griechen ernst, so wie er sich Dir zeigt, bist Du weder gönnerhaft noch arrogant, dann wirst Du bald erleben, wie der Grieche wirklich ist: warmherzig, impulsiv und ... gastfreundlich!

Die beste Brücke von Mensch zu Mensch schlägt die Sprache! Griechen freuen sich außerordentlich darüber, wenn Fremde sich die Mühe machen, ihre Sprache zu lernen. sie nehmen es als Zeichen dafür, daß Du ihnen und ihrem Lande freundschaftliche Gefühle entgegenbringst. Dabei müssen Deine Sprachkenntnisse keineswegs überragend sein, es genügt schon, wenn du Dich einigermaßen verständlich machen kannst! Immer wieder ist dies mir selbst in Griechenland passiert!

Zum Gebrauch dieses Buches

Dieses Büchlein möchte Dir so schnell wie möglich so viel wie nötig Neugriechisch vermitteln, mit dem Du dich während Deines Griechenlandaufenthaltes sprachlich gut über Wasser halten kannst.
Ein Rettungsring sozusagen - kein Schlauchboot und nicht einmal eine Luftmatratze.
Alles, was zu sehr belasten könnte, mußte deshalb über Bord gehen. So habe ich mich nach reiflicher Überlegung dazu entschlossen, auf die neugriechische Schrift (außer beim Erklären des Alphabets) total zu verzichten und die griechischen Wörter in einer möglichst einfachen, für Dich gut lesbaren Umschrift zu bringen. Ich möchte Dich sehr dringend bitten, die Aussprachehinweise bei der Erklärung des Alphabets besonders gründlich zu studieren.
Da Du aber nun - aus verständlichen Gründen - ein normales deutsch-griechisches Lexikon nicht benutzen kannst, habe ich den Lexikonteil dieses Buches besonders umfangreich ausfallen lassen, damit Du in der Lage bist, gelegentlich auch einmal ein Wort nachzuschlagen, das etwas außerhalb des Sprachgebrauches liegt, mit dem Du es normalerweise zu tun haben wirst.
Um schnell Fortschritte zu machen, solltest Du zu allererst möglichst viele Vokabeln lernen und darüberhinaus die Konversationsbeispiele sehr gründlich durchlesen - vielleicht sogar mehrmals laut vor dich hinlesen, um ein Gefühl für Klang und Rhythmus des Neugriechischen zu bekommen.
Einen Ballast konnte ich leider nicht vollständig über Bord werfen: die Grammatik! Bei einer Sprache wie der griechischen kann man nicht auf Grammatik verzichten! Ich habe zwar nur das Allerwichtigste gebracht, trotzdem ist es immer noch viel. Schau es Dir - wenn's geht - recht gründlich an.

Aussprache/Betonung

Wie vorhin schon erwähnt, habe ich mich nach reiflicher Überlegung dazu entschlossen, griechische Buchstaben in diesem Buche im allgemeinen nicht zu verwenden, sondern eine einfache Umschrift zu benutzen. Da aber eine gute Aussprache für das Verstandenwerden sehr wichtig ist, möchte ich Dich bitten, die Aussprachehinweise bei der Tabelle mit dem Alphabet gut zu studieren. Besonders wichtig ist dabei die Aussprache der beiden S-Laute. Das griechische **Zita**, das ich mit s umschrieben habe, wird immer stimmhaft gesprochen, während das **Sigma**, das ich - außer vor Konsonanten, wo man es ohnehin nur stimmlos sprechen kann - mit **ss** umschrieben habe, stimmlos ist. Für den griechischen **w-Laut** habe ich als Umschrift das **v** benutzt. Man kann es sich gut am Beispiel des Wortes **"taverna** =Tarverne" merken.

Das Griechische kennt drei Akzente, die die betonte Silbe kennzeichnen:

● den **Akut**:´, den **Gravis**:`und den **Zirkumflex**:^, Da wir eine Umschrift benutzen, brauchen wir uns auch damit nicht belasten. Um es aber bei der Betonungder griechischen Wörter leichter zu haben setze ich im folgenden auf die jeweils **betonte** Wortsilbe einen ´. Bei zwei Selbstlauten, die nicht zusammengesprochen werden, sondern jeder für sich, setze ich auf jeden dieser Vokale diesen Akzent,z.B.: **próí** = früh

Lautschrift + griechisches Alphabet

Buchstabe groß	Buchstabe klein	Name des Buchst.	Lautzeichen	Aussprache
Α	α	Alpha	a	kurzes a wie "Anna"
Β	β	Wita	v	wie w in "Witwe"
Γ	γ	Gamma	g	vor -a, -o, -u wie gh, fast wie ein dt. Zäpfchen-r.
			j	vor -e und -i Lauten
Δ	δ	Delta	d	wie das englische stimmenhafte th "the"
Ε	ε	Epsilon	e	nur kurzes, offenes e, wie in "Ecke", nie lang.
Ζ	ζ	Sita	s	stimmhaftes s wie in "reisen".
Η	η	Ita	i	volltönend wie in "Ritus".
Θ	ϑ	Thita	th	wie stimmloses engl. th in "thing".
Ι	ι	Jota	i	kurzes i wie bei "bis".
Κ	κ	Kapa	k	wie das deutsche k
Λ	λ	Lambda	l	wie das deutsche l
Μ	μ	Mi	m	wie das deutsche m
Ν	ν	Ni	n	wie das deutsche n
Ξ	ξ	Xi	x	wie das deutsche x
Ο	ο	Omikron	o	kurzes o wie bei "oft"
Π	π	Pi	p	wie das deutsche p
Ρ	ρ	Ro	r	Zungen-r
Σ	σ	Sigma	ss	stimmloses s wie in "reißen".
Τ	τ	Taf	t	wie das deutsche t
Υ	υ	Ipsilon	i	langes i

Φ	φ	Fi	f	wie das deutsche f
X	χ	Chi	ch	wie das deutsche ch
Ψ	ψ	Psi	ps	wie im Deutschen ps
Ω	ω	Omega	o	wie das Omikron,

Zusätzlich zum Alphabet - das übrigens noch genau dasselbe ist wie das altgriechische - gibt es noch einige vokalische und konsonantische Buchstabenkombinationen, die Du Dir einprägen solltest.

Buchstabenverbindungen aus 2 Vokalen

Schreibweise		Lautzeichen	Aussprache
AI	αι	e	kurzes e, wie bei "Ecke"
AY	αυ	av	aw vor Vokalen und stimmhaften Konsonanten
		af	af vor stimmlosen Konsonanten
EI	ει	i	i, wie andere i-Laute
EY	ευ	ev	ew vor Vokalen und stimmhaften Konsonanten
		ef	ef vor stimmlosen Konsonanten
OI	οι	i	i, wie andere i-Laute
OY	ου	ou	langes u wie bei "Du"

Buchstabenverbindungen aus 2 Konsonanten

Schreibweise		Lautzeichen	Aussprache
ΓΓ	γγ	ng	ng kommt nur im Wortinneren vor
ΓΚ	γκ	g	g am Wortanfang
		ng	ng im Wortinneren
ΓΧ	γχ	ngch	ngch kommt nur im Wortinneren vor
ΜΠ	μπ	b	b am Wortanfang
		mp	mp im Wortinneren
ΝΤ	ντ	d	am Wortanfang wie unser deutsches d
		nt	nt im Wortinneren

Drei Wörter, die dir weiterhelfen

Der Grieche ist ein höflicher Mensch, deshalb kannst Du Dir mit einer einfachen Höflichkeitsformel gut weiterhelfen.

- parakaló

parakaló heißt bitte (eigentlich "ich bitte") und kann sehr vielseitig verwendet werden.

Du kannst mit **parakaló** einen Kellner rufen, wenn Du bedient werden möchtest,
Du kannst im Bäckerladen auf ein Brot oder einen Kuchen deuten, **parakaló** sagen und damit zu verstehen geben, daß Du es kaufen möchtest,
Du kannst natürlich auch jemandem etwas anbieten, eine Zigarette oder einen Bonbon - was in Griechenland sehr üblich ist, wenn man sich gerade kennengelernt hat und ein Gespräch beginnen möchte - und **parakaló** bitte sagen.

Die Antwort darauf ist

- efcharistó - danke

Was Du Dir auch gut merken solltest, denn Du kommst in Griechenland oft in die Situation, Danke sagen zu müssen.

● pou îne

Wichtig ist natürlich auch, daß Du gleich am Angang einfache Fragen stellen kannst:

Parakaló, pou îne ...
Bitte, wo ist ...
wo sind ...

Parakaló, pou îne o iatrós;
Bitte, wo ist der Arzt?

Parakaló, pou îne i éxodos, pou îne i toualétta;
Bitte, wo ist der Ausgang, wo ist d. Toilette?

Parakaló, pou îne to tachidromîo;
Bitte, wo ist die Post?

Als Reaktion darauf wirst Du natürlich eine Menge richtungsweisender Handbewegungen und einige nützliche Auskünfte erhalten. Höre gut hin! Sicherlich werden folgende Wörter darin vorkommen:

dexîa	rechts	**makriá**	weit
aristerá	links	**edó**	hier
apénanti	gegenüber	**ekî**	dort
kontá	nah		

zwischen "hier" und "dort" unterscheidet der Grieche sehr genau, viel genauer als wir es tun.

Hast Du nicht ganz mitbekommen, wie das alles zu verstehen war, so kannst Du Dich vergewissern:

Singnómi, dexiá;	Entschuldigung, rechts?
Né, dexiá.	Ja, rechts.

Laß Dich nicht verwirren, **né** heißt tatsächlich "ja" und nicht "nein".

Hast Du Dich aber verhört, dann bekommst Du zur Antwort:

Óchi, íne aristerá ke metá dexiá.
Nein, es ist links und dann rechts.

Übrigens: Sagt der Grieche **"óchi"**, dann unterstreicht er diese Verneinung meist mit einer dazugehörigen Kopfbewegung: er wirft den Kopf ganz leicht in den Nacken. Will er sein "Nein" besonders betonen, dehnt er das **"o"** ziemlich in die Länge und setzt als Bekräftigung einen kleinen Schnalzer obendrauf. Oder aber er läßt das **"óoochi"** ganz weg und schnalzt nur.

Wörter, die gerade vorkamen:

parakaló	bitte (ich bitte)
pou	wo
îne	er, sie es ist; sie sind
o iatrós	der Arzt
o kîrios	der Herr, Hausherr, Ehemann
o naós	der Tempel, die (große) Kirche
i kiría	die Herrin (Dame des Hauses)
i éxodos	der Ausgang
i toualétta	die Toilette
to tachidromîo	die Post (dieses Bandwurmwort ist halb so schlimm! Teile es auf in **tachis**=schnell und denke dabei an unser "Tachometer" und **dromos**=Weg und denke an "Hippodrom", das auch aus dem Griechischen kommt und "Pferderennbahn" bedeutet.

		edó	hier, da
dexiá	rechts	**ekî**	dort
aristerá	links	**ne**	ja
kontá	nahe	**óchi**	nein
makriá	weit	**ke**	und, auch

Wörter, die Du gleich mitlernen kannst:

ta chrîmata (nur in d. Mz.)	das Geld, eigentlich "die Gelder"
ta psilá (nur in d. Mz.)	das Kleingeld
to leptón	Bezeichnung für das griech. Kleingeld; Minute
leptós	klein, mager, dünn
i drachmî	die Drachme

Unentbehrliche Ausdrücke und Wörter!!

parakaló	bitte	ne	ja
efcharistó	danke	óchi	nein

Grammatik

Eine Bemerkung vorweg:
Die Kompliziertheit und Vielschichtigkeit der griechischen Grammatik entspricht der Vielfalt und dem Reichtum seiner Kultur. Dir sämtliche Feinheiten und Spielarten der Formenlehre ausführlich zu schildern, wäre höchst langweilig.
Ich werde mich daher auf das Wichtigste beschränken und hin und wieder auch grammatikalisch nicht ganz Einwandfreies empfehlen - Hauptsache, du kannst dich damit gut durchschlagen.

Das Hilfsverb "sein"

Gegenwart

(egó)	**îme**	ich bin	**(emîs)**	**îmaste**	wir sind
(essî)	**îsse**	du bist	**(essîs)**	**îste**	ihr seid
(aftós		er	**(aftî**		(Sie sind)
aftî		sie	**aftés**		
aftó)	**îne**	es ist	**aftá)**	**îne**	sie sind

Das persönliche Fürwort (Personalpronomen) habe ich bewußt in Klammern gesetzt. Es wird normalerweise beim Zeitwort (Verbum) nicht verwandt, es ist sozusagen in ihm schon enthalten. Man benutzt es nur dann, wenn man es besonders betonen möchte oder wenn der Satz dadurch an Klarheit gewinnt.
Übrigens: Es gibt im Neugriechischen keine Nennform (Infinitiv) mehr (z.B.: sein, geben, reisen). Man benutzt stattdessen ersatzweise die 1. Pers. Einzahl des betreffenden Zeitwortes.

Egó îme Germanós, essî îsse Éllinas.
Ich bin Deutscher, du bist Grieche.

Das Hilfsverb "haben"

Gegenwart

écho	ich habe	**échoume**	wir haben
échis	du hast	**échete**	ihr habt (Sie haben)
échi	er, sie, es hat	**échoun**	sie haben

Präge Dir dieses Hilfszeitwort besonders gut ein!! Du kannst damit in der Taverne Essen bestellen, ein Zimmer mieten oder im Gemüseladen einkaufen. Wie denn das, wirst Du fragen? Ganz einfach:

échi heißt nämlich auch "es gibt" oder aber, mit entsprechender fragender Betonung "gibt es?"

échi makarónia;
gibt-es makaroni?
Haben Sie Makaroni?

échi domátia;
gibt-es Zimmer?
Haben Sie ein Zimmer?

Makarónia den échi, échi patátas.
Makaroni nicht es-gibt, es-gibt Kartoffeln.
Es gibt keine Makaroni, es gibt Kartoffeln.

den = nicht
wird immer (umgekehrt wie im Deutschen) **vor** das Zeitwort gestellt.

Das Hilfsverb "wollen"

Gegenwart

thélo	ich möchte	**théloume**	wir möchten
thélis	du möchtest	**thélete**	ihr möchtet(Sie)
théli	er, sie, es m.	**théloun**	sie möchten

Auch **thélo** gehört zu den Wörtern, die Du dir sehr gut einprägen solltest.

Ti thélete;
Was wollen Sie?

Ti thélis;
Was willst Du?

Thélo patátes.
Ich möchte Kartoffeln.

Thélo krassí.
Ich möchte Wein.

Thélo papoútsia.
Ich möchte Schuhe.

Thélo issitírio.
Ich möchte Fahrschein.

Willst Du aber beispielsweise sagen:"Ich möchte Schuhe kaufen", dann mußt Du einen kleinen Kunstgriff anwenden. Du mußt nämlich die Satzkonstruktion etwas umstellen, so als ob Du sagen wolltest: "Ich möchte, daß ich Schuhe kaufe!" und dieses "daß" heißt **"na"**.

Thélo na parangélo.
ich möchte, daß ich bestelle.
Ich möchte bestellen.

Thélo na agoráso papoútsia.
ich möchte, daß ich Schuhe kaufe.
Ich möchte Schuhe kaufen.

Hilfsverben "können" + "müssen"

boró heißt "ich kann"
prépi heißt " es ist nötig, man muß"

Auch diese beiden Hilfszeitwörter werden in Verbindung mit **"na"** benutzt.

Boró na to páro;
Darf ich, daß ich das nehme?
Darf ich das nehmen?

Prépi na gráfome.
Es-ist-nötig , daß wir-schreiben.
Wir müssen schreiben.

boró und **prépi** wirst Du nicht so häufig brauchen wie **"îme"**, **"thélo"** und **"écho"**, aber Du wirst sie immer wieder von Griechen in der Unterhaltung hören, daher mußt Du ihre Bedeutung kennen!

Ist Dir übrigens aufgefallen, daß in den kleinen Übungssätzen für den Gebrauch der Hilfszeitwörter die Endungen des Hilfszeitwortes und des Zeitwortes übereinstimmen (außer bei **"prepi"**)?
Thél<u>o</u> na agorás<u>o</u> **Thél<u>o</u> na parangél<u>o</u>**

Thél<u>oume</u> na agorás<u>oume</u>.
Wir-möchten, daß wir-kaufen
Wir möchten kaufen.

Thél<u>oun</u> na agorás<u>oun</u>.
Sie-wollen, daß Sie-kaufen.
Sie wollen kaufen.

Verben + Zeiten, 1.Teil

Gegenwart

taxidév-o	ich reise	**taxidév-oume**	wir reisen
taxidév-is	du reist	**taxidév-ete**	ihr reist
taxidév-i	er, sie, es reist		Sie reisen
		taxidév-oun	sie reisen

Das sind haargenau die gleichen Endungen wie bei **"écho"** und **"thélo"**. Einfacher geht's nun wirklich nicht.

Zukunft

Vor die Gegenwartsform setzt Du lediglich das Wörtchen **"tha"** und fertig!

tha taxidévo	ich werde reisen	**tha taxidévoume**
tha taxidévis	etc.	**tha taxidévete**
tha taxidévi		**tha taxidévoun**

Befehlsform (Imperativ)

In der überwiegenden Anzahl der Fälle wird an den Wortstamm für die Einzahl die Endung **-e** und für die Mehrzahl die endung **-éte** angehängt.

taxidév-e reise! **taxidév-ete** reist!

Die Verneinung bei der Befehlsform heißt **"min"**.

Min to légete. Nicht das sagt! Sagt das nicht!

Sehr oft hört man dieses **"min"** auch alleine für sich, wenn z.B. Mütter ihren Kindern etwas verbieten. **"min, min"**.

Eine erste Unterhaltung

Setzt Du Dich in das Kafenion eines kleinen Dorfes und trinkst dort eine **"portokaláda"** eine **"lemonáda"** oder einen **"kafedáki"**, dann setzt sich bestimmt nach kurzer Zeit ein Grieche zu dir, bietet Dir eine Zigarette an oder einen Ouzo - wofür Du natürlich mit einem freundlichen **"efcharistó"** dankst - und fragt:

Apo poú ísse;	**Apo poú íste;**
Von wo bist Du?	Von wo sind Sie?

Du antwortest dann:

Apó tin Germanía.	**Apó tin Afstría/Elvetia.**
Aus Deutschland.	Aus Österreich/ Schweiz.

> Alle Namen - ob Eigennamen, geografische Namen oder Warenbezeichnungen - werden im Griechischen mit Artikel benutzt. Natürlich ist es nicht weiter schlimm, wenn Du ihn mal vergißt, verstanden wirst Du auch so.

Apó pió méros tis Germanías;
Aus welcher Gegend Deutschlands?

Apó to Amvoúrgo	aus Hamburg
Apó to Niremvérgo	aus Nürnberg
Apó to Mónacho	aus München
Apó ti Víenni	aus Wien
Apó ti Vassilía	aus Basel
Apó ti Siríchi	aus Zürich

Echi ekí déndra;
Gibt es dort Bäume? (Gemeint ist, ob es bewaldet ist.)

Echi thálassa; Gibt es Meer?

Echi vouná; Gibt es Berge?

Oft findet sich dann auch jemand, der Verwandte oder Freunde in Deutschland hat.

Echo fîlous stin Kolonîa.
Ich habe Freunde in Köln.

Écho (éna) ádelfó sto Verolîno.
Ich habe (einen) Bruder in Berlin.

Dann aber mußt Du von Dir berichten:

Ti douliá échis;
Welche Arbeit hast Du? (Was ist Dein Beruf?)

Ti douliá échete;
Welche Arbeit habt ihr?
Welche Arbeit haben Sie?

Die Antwort:

Egó îme fititîs ke i fîli mou îne fititria.
Ich bin Student und die Freundin mein ist Studentin.

Egó îme daskála ke o fîlos mou îne dáskalos.
Ich bin Lehrerin und mein Freund ist Lehrer.

Egó îme mathitîs. O fîlos mou îne ergátis.
Ich bin Schüler. Mein Freund ist Arbeiter.

Du siehst, das persönliche Fürwort (Personalpronomen (mein, dein, sein...) wird hinter das Hauptwort (Substantiv) gesetzt, so wie man es ja auch poetisch im Deutschen noch gebraucht:"Der Bruder mein" oder "die Liebste Dein..."

Ein letzter Ouzo noch und Ihr prostet Euch freundschaftlich zu - die Griechen stoßen dabei den unteren Teil der Gläser aneinander -

Stin igiá mas!
Auf Gesundheit unsere! Auf unsere Gesundheit!

Stin igiá ssas!
Auf Gesundheit Eure (Ihre)! Auf Eure (Ihre) Gesundh.

Stin igiá ssou!
Auf Gesundheit Deine! Auf Deine Gesundheit!

Sehr häufig läßt man das **"stin"** ganz weg und sagt kurz und bündig: **"giámass"**, **" giássou"** oder **"giássas"**!

Hat ein Grieche Dir etwas spendiert, dann solltest Du - falls Du nicht total abgebrannt bist - Dich revanchieren. Biete eine Zigarette an oder bestelle eine Kleinigkeit. Das kostet Dich nicht viel, macht Dich aber in der Beurteilung des Griechen zu einem Menschen mit Lebensart. Du kannst auch ruhig nachfragen, was er gerne haben möchte:

Ti **thélete;**
Was möchten Sie?

Thélete kafé;
Möchten Sie Kaffee?

Thélete bîra;
Möchten Sie Bier?

Thélete káti;
Möchten Sie etwas?

Thélete na kapnîssete;
möchten-Sie, daß Sie-rauchen?
Möchten Sie rauchen?

Wörter, die gerade vorkamen:

i portokaláda	die Orangenlimonade
i lemonáda	die Zitronenlimonade
to kafedáki	wörtlich "das Kaffeelein", der kleine griechische Mocca.
apó	aus, von
i Germanía	Deutschland
i Afstría	Österreich
i Elvetía	die Schweiz
piós, piá, pió	welcher, welche, welches
to méros	der Teil, der Platz, die Gegend
to Amvoúrgo	Hamburg
to Niremvérgo	Nürnberg
to Mónacho	München
i Viénni	Wien
i Vassilía	Basel
i Siríchi	Zürich
i Kolonía	Köln
o adelfós	der Bruder
o fílos	der Freund
bei uns fangen mit "Phil-" viele Fremdwörter an, zB: Philosoph (=Freund der Weisheit)	
ti	was, was für ein(e)
i douliá	die Arbeit
écho	ich habe
o fititís	der Student
i fitítria	die Studentin
o dáskalos	der Lehrer
i daskála	die Lehrerin
to déndro	der Baum
ta déndra	die Bäume
i thálassa	das Meer
to vounó	der Berg
ta vouná	die Berge
to oúso	der Ouso
i igía	die Gesundheit
o kafés	der Kaffee

i bíra	das Bier
káti	etwas, irgend etwas
agoráso	ich kaufe
parangélo	ich bestelle
kapníso	ich rauche
agapó	ich liebe
taxidévo	ich reise
i patátes	die Kartoffeln
ta papoútsia	die Schuhe
to issitírio	die Fahrkarte, die Eintrittskarte

Unentbehrliche Wörter und Ausdrücke:

apó pou;	woher? (von wo?)
apó pió méros;	Aus welcher Gegend?
Gia máss.	(Auf) unsere Gesundheit!

die Fälle

Allmählich wird es Zeit, sich mit der Beugung (Deklination) der Haupt- und Eigenschaftswörter (Substantive und Adjektive) zu beschäftigen. In der neugriechischen Volkssprache gibt es keinen 3. Fall (Dativ) mehr. Vielmehr wird er gebildet durch ein Verhältniswort (eine Präposition) in Verbindung mit dem 4. Fall (Akkusativ). Man sagt also nicht sinngemäß "Ich antworte Dir" sondern umschreibt das mit "Ich antworte an Dich". Das dafür am häufigsten verwandte Verhältniswort (Präposition) lautet **"sse"** und wird mit dem jeweiligen Geschlechtswort (Artikel) zusammengezogen.

Andererseits gibt es aber nun im Griechischen einen Fall, der im Deutschen unbekannt ist, nämlich den sogenannten Vokativ, den Anredefall. Wenn Du Andreas heißt, so wirst Du bei uns auch "Andreas!" gerufen; der Grieche aber wird **"Andréa"** zu Dir sagen. Du kannst Dich von dieser Anrede also ruhig angesprochen fühlen und nicht meinen, ein weibliches Wesen sei damit gemeint. Heißt Du Alexander, dann sagt der Grieche **"Aléxandre"** zu Dir, und spricht Dich jemand freundschaftlich an, so sagt er gelegentlich **"fíle mou"** = mein Freund! Bei den weiblichen Vornamen bleibt alles unverändert in der Nennform, da entspricht der Vokativ dem Nominativ (1.Fall).

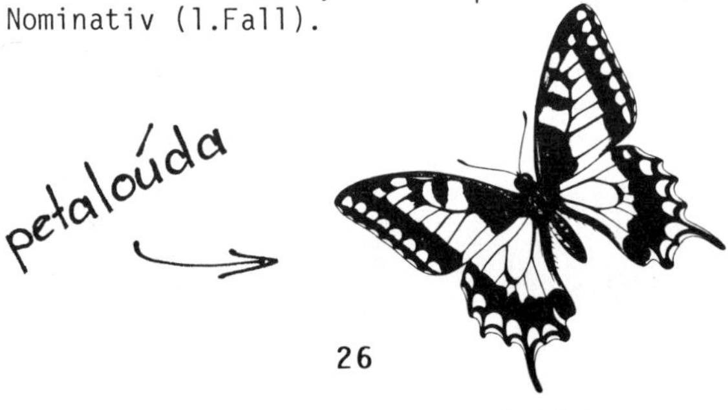

Artikel

EINZAHL

	männlich	weiblich	sächlich
1.Fall(wer)	**o** der	**i** die	**to** das
2.Fall(wessen)	**tou** des	**tis** der	**tou** des
4.Fall(wen)	**to** den	**tin** die	**to** das

Der **3.Fall**, gebildet mit dem Verhältniswort **sse** und dem Artikel des 4.Falls, lautet:

3.Fall(wem)	**sto** dem	**stin** der	**sto** dem

MEHRZAHL

1.Fall	**i** die	**i** die	**ta** die
2.Fall	**ton** der	**ton** der	**ton** der
3.Fall	**stous** den	**stis** den	**sta** den
4.Fall	**tous** die	**tis** die	**ta** die

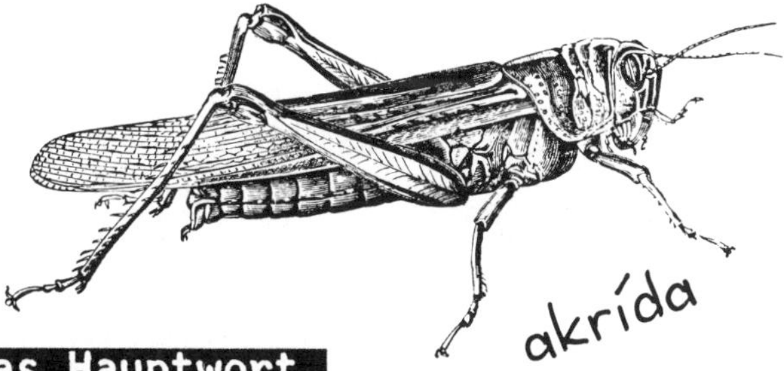

das Hauptwort

Es gibt im Neugriechischen eine ganze Menge unterschiedlicher Beugungsarten für Hauptwörter. Daß ich hier nur die gängigsten aufführe, wirst Du sicherlich begrüßen.

männliche Substantive

o fílos — der Freund
o iatrós — der Arzt
o ánthropos — der Mensch

Wenn Du Dir den Artikel gemerkt hast, wirst Du mit der Beugung dieser Hauptwörter keine Schwierigkeiten haben, denn die Endungen entsprechen (außer im 1.Fall) der Form des Artikels.

EINZAHL		MEHRZAHL
1. Fall	**o fíl-os**	**i fíl-i**
2. Fall	**tou fíl-ou**	**ton fíl-on**
4. Fall	**to fíl-o**	**tous fíl-ous**

Präge Dir diese Beugungsart (Deklination) gut ein, denn auch die männlichen Eigenschaftswörter werden nach dem gleichen Schema verändert.

Leider gibt es noch eine ganze Reihe wichtiger männlicher Substantive, die nicht auf **-os** enden:

o patéras (der Vater) **o fititís** (der Student)

EINZAHL		MEHRZAHL
1.Fall	**o patér-as**	**i patér-es**
2.Fall	**tou patér-a**	**ton patér-on**
4.Fall	**to patér-a**	**tous patér-es**

Wie **o patéras** wird auch **o fititís** dekliniert, nur daß das **a** durch ein **i** ersetzt wird.
In dieser Gruppe gibt es aber einige Wörter, deren Mehrzahl ganz unregelmäßig gebeugt wird. Das gebräuchlichste ist wohl:

o kafés (der Kaffee), **i kafédes** (die Kaffees)

Dío kafédes, parakaló.
Zwei Kaffee, bitte.

weibliche Substantive

sind, wie ja auch in vielen romanischen Sprachen, all die, die mit **-a** enden.

i kiría (die Herrin, Frau, Dame)
i mitéra (die Mutter)

EINZAHL		MEHRZAHL
1.Fall	**i mitér-a**	**i mitér-es**
2.Fall	**tis mitér-as**	**ton mitér-on**
4.Fall	**tin mitér-a**	**tis mitér-es**

Genau so beugen, wie die weiblichen Substantive mit der Endung **-a** kannst Du auch jene, die auf **-i** enden, z.B.:

i adelfí (die Schwester) **i sói** (das Leben)

Du mußt nur das **-a** durch ein **-i** ersetzen.

sächliche Substantive

haben die äußerst angenehme Eigenschaft, daß bei ihnen der 1. und der 4. Fall identisch sind.

to déndro (der Baum) **to spíti** (das Haus)

EINZAHL		MEHRZAHL
1.Fall	**to déndr-o**	**ta déndr-a**
2.Fall	**tou déndr-ou**	**ton déndr-on**
4.Fall	**to déndr-o**	**ta déndr-a**

Bei den sächlichen Hauptwörtern mit der Endung **-i** bleibt das **-i** erhalten.

EINZAHL		MEHRZAHL
1.Fall	**to spit-i**	**ta spiti-a**
2.Fall	**tou spiti-oú**	**ton spiti-on**
3.Fall	**to spit-i**	**ta spiti-a**

Eigenschaftswörter

müssen im Griechischen genau wie im Deutschen in Geschlecht, Zahl und Fall mit dem Hauptwort übereinstimmen, dem Sie zugehören. Das gilt im Griechischen allerdings auch dann, wenn Sie als Satzaussage (prädikativ) gebraucht werden. Du wirst Dich hierbei ein wenig umstellen müssen, denn im Deutschen ist es ja anders.

o kalós ánthropos der gute Mensch	**o ánthropos îne kalós** der Mensch ist gut
i griá ginéka die alte Frau	**i ginéka îne griá** die Frau ist alt
to megálo déndro der große Baum	**to déndro îne megálo** der Baum ist groß

Die Beugung der Eigenschaftswörter entspricht der Beugung der Hauptwörter:

männlichen Eigenschaftswörter werden genauso dekliniert wie das männliche Hauptwort "**o filos**";

weiblichen Eigenschaftswörter werden genauso gebeugt wie die weiblichen Hauptwörter "**i mitéra**" bzw. "**i adelfî**" - je nachdem, wie die entsprechende Form in der 1. Person Einzahl klingt.

sächlichen Eigenschaftswörter werden genauso gebeugt wie "**to déndro**".

Einige Farben

áspros,-i,-o	weiß	portokáli	orange
mávros,-i,o	schwarz	kókkinos,-i,-o	rot
kîtrinos,-i,-o	gelb	kafé	braun
prássinos,-i,-o	grün	ble	blau
ros	pink	bes	beige

Steigerung

ist wohl das einfachste, was man sich denken kann! Man setzt das Wörtchen **"pio"** vor das Eigenschaftswort, wenn man die erste Steigerungsstufe meint - also "schöner als, größer als, besser als...." und die Wörtchen **"pará polî"**, wenn man meint, eine Sache sei super (Superlativ) - also "am schönsten, am größten, am besten".

pió kaló	besser	**pará polî kaló**	am besten
pió akrivó	teuerer	**pará polî akrivó**	am teuersten.

Für das deutsche "als" wird im Griechischen **"apó"** verwandt:

Ta makarónia înr pió nóstima apó tis patátes.
Die Makaroni sind schmackhafter als die Kartoffeln.

Verkleinerung

So wie wir im Deutschen die Nachsilben -lein (im süddeutschen Raum -le) und -chen gebrauchen, um anzudeuten, daß jemand oder etwas klein, nett und besonders liebenswert ist, so benutzt auch der Grieche bestimmte Endungen als Verkleinerungsformen - und er gebraucht sie viel, viel öfter, als wir das tun. Du selbst wirst wahrscheinlich kaum dazu in der Lage sein, den Deminutiv zu benutzen, außer vielleicht dann, wenn Du Dir einen kleinen griechischen Mocca bestellst:

Éna kafédáki, parakaló.
Ein Kaffeelein, bitte.

Aber zu hören bekommen wirst Du die Verkleinerungsformen ständig und überall. Am auffälligsten sind sie bei der Verwendung der Eigennamen - etwas, was bei uns schon fast ausgestorben ist, außer vielleicht bei "Hänschen" und "Mariechen".

In Griechenland wird Georg **"o Giórgos"** auch **"o Giorgákis"** genannt, die **"Eléni"** wird noch häufiger mit **"Elenîtsa"** gerufen, die **"Chrîssa"** heißt nur **"Chrissóula"** und die **"Vassilikî" "Vassilikoúla"**. Bei Mädchennamen läßt man dann häufig den vorderen Teil ganz weg und sagt beispielsweise nur noch **"Soula"** oder **"Koula"**.

Aber auch von Tieren oder Dingen spricht der Grieche besonders gerne in der Verkleinerungsform.

to skilî	- **to skiláki**	der Hund - das Hündchen
to trapési	- **to trapesáki**	der Tisch - das T.-lein
o sákkos	- **i sakkoúla**	der Sack - das Säckchen

Die häufigsten griechischen Diminutivendungen sind:	
-îtsa und **-oúla**	für weibliche Wesen oder Dinge
-ákis bzw. **-áki**	für männliche oder sächliche Wesen oder Dinge.

Der Unterhaltung zweiter Teil

So schnell, wie manch einer denken mag, ist die Wißbegierde eines Griechen nicht gestillt, vor allem dann nicht, wenn ganz wichtige Fragen noch nicht gestellt werden konnten.

Possón chronón îsse (îste);
Wieviel der Jahre bist Du (sind Sie , seid ihr)?
Wie alt bist Du (sind Sie , seid ihr)?

Triánta chronón. ke essî (essîs);
Dreißig der Jahre. Und Du (Sie, îhr?)

Egó îme ssaránta pénte chronón ke i ginéka mou ssaránta.
Ich bin 45 Jahre alt und meine Frau 40.

Ti douliá échis (échete);
Welche Arbeit hast Du (haben Sie, habt ihr)?

Egó îme psarás, allá écho éna adelfó, pou îne kapetánios.
Ich bin Fischer, aber ich habe einen Bruder, der ist Kapitän.

Dieses "**pou**" ist ein Allroundwörtchen! Es ist nämlich nicht nur ein Adverb und bedeutet dann "wo?" aber auch "wohin?", nein, es vertritt auch das Relativpronomen und heißt dann:
der, die , das; welcher, welche, welches.
Dieses "**pou**" ist undeklinierbar und wird für alle drei Geschlechter sowohl für die Einzahl als auch für die Mehrzahl angewandt. So einfach sollte man es öfter mal im Neugriechischen haben!!!
Übrigens gibt es in deutschen Mundarten etwas ganz Ähnliches: "Der Mann, wo ..." "Die Kinder, wo ...".

Aber weiter im Dialog! Da nun sch die Rede auf die Familie gekommen ist, folgt nun die unvermeidliche Frage:

Echis patéra, échis mitéra;
Hast Du Vater, hast Du Mutter?
Lebt Dein Vater, lebt Deine Mutter?

Ne, écho ke patéra ke mitéra.
Ja, ich habe sowohl Vater als auch Mutter.

Brávo, égo écho mónon tin mitéra mou.
Bravo, ich habe nur meine Mutter.

Dieses **"bravo"** wirst Du sehr oft hören, es drückt Befriedigung und Zustimmung aus, und auch Du solltest es ruhig ab und zu verwenden, um Deine Anerkennung auszusprechen.

Echis adélfia;
Hast Du Geschwister?

Wörter, die gerade vorkamen:

póssos, póssi, pósso;	wieviel?
o chrónos	das Jahr, die Zeit
triánta	dreißig
ssaránta	vierzig
ssaránta pénte	fünfundvierzig
o psarás	der Fischer
allá	aber
énas, mîa, éna	ein, eine, ein
o adelfós	der Bruder
i adelfí	die Schwester
ta adélfia	die Geschwister
o kapetánios	der Kapitän
o patéras	der Vater
i mitéra	die Mutter
ke.., ke..	sowohl, als auch
móno (n)	nur
to pedî	das Kind
den	nicht
giatí	warum, weshalb, wieso
pandreménos	verheiratet
mikrós	klein, jung
o kerós	die Zeit

Unentbehrliche Wörter und Ausdrücke:

den	nicht
giatî;	warum?
pou	der, die, das, welcher? welche, welches; Wo? Wohin?

Zahlen

0	midén
1	énas, mîa, éna
2	dîo (wird nicht dekliniert)
3	trîs, trîs, trîa
4	tésseris, tésseris, téssera
5	pénte
6	éxi
7	eftá
8	ochtó (wird nicht dekliniert: 5–12)
9	ennéa
10	déka
11	endéka
12	dodéka
13	dekatrîs, dekatrîs, dekatrîa
14	dekatésseris, dekatésseris, dekatéssera
15	dekapénte
20	îkossi
21	îkossi énas, îkossimîa, îkossi éna
30	trîanta
40	ssaránta
50	penînta
60	exînta
70	evdomînta
80	ogdónta
90	enenînta
100	ekató (n)
101	ekatón énas, mîa, éna
200	diakóssii, diakóssies, diakóssia
300	triakóssii, -ies, -ia
400	tetrakóssii, -ies, -ia
500	pentakóssii, -ies, -ia
600	exakóssii, -ies, -ia

700 **eftakóssii, -ies, -ia**
800 **ochtakóssii, -ies, -ia**
900 **enniakóssii, -ies, -ia**
1000 **chîlii, chîlies, chîlia**

und so weiter

2000 **dîo chiliádes** (wird nicht dekliniert bis zur Milliarde!)
3000 **tris chiliádes**

und so weiter

ΔPX = Drachme (Abk.)

100 000 **ekatón chiliádes**
1 000 000 **éna ekatommîrio**
2 000 000 **dîo ekatommîria**

Übrigens: Beim einfachen Herunterzählen werden bei den deklinierbaren Zahlwörtern immer nur die Formen des Neutrums gebraucht: **éna, dîo, trîa...**

Ordnungs- und Bruchzahlen

erster, erste, erstens	**prótos, -i, -o (n)**
zweiter, -e, -es	**défteros, -i, -o (n)**
dritter, -e, -es	**trîtos, -i, -o (n)**
vierter, -e, -es	**tétartos, -i, -o (n)**
fünfter, -e, -es	**pémptos, -i, -o (n)**
sechster, -e, -es	**éktos, -i, -o (n)**
siebenter, -e, -es	**évdomos, -i, -o (n)**
achter, -e, -es	**ógdoos, -i, -o (n)**
neunter, -e, -es	**énatos, -i, -o (n)**
zehnter, -e, -es	**dékatos, -i, -o (n)**
elfter, -e, -es	**endékatos, -i, -o (n)**
zwölfter, -e, -es	**dodékatos, -i, -o (n)**
dreizehnter, -e, -es	**dékatos tritos, dékati trîti, dékato trîto,**

Das Gespräch geht weiter

Isse giá próti forá stin Elláda;
Bist du zum 1. Mal in Griechenland?

Ochi, giá défteri forá, ke o fîlos mou giá trîti forá.
Nein, zum zweiten Mal, und mein Freund zum dritten Mal.

Xérete pollá méri tis Ellâdos;
Kennt Ihr viele Teile Griechenlands?

Ne, pollá, îmaste sti Pelopónnisso, stin Athîna ke sse pollá nissiá.
Ja, viele, wir waren auf der Peloponnes, in Athen und auf vielen Inseln.

Saas aréssi i Elláda;
Euch gefällt Griechenland?

Ne, para polî, pro pánton ta nissiá.
Ja, sehr, vor allem die Inseln.

Eki i thálassa îne katharî, i ânthropi îne polî
Dort das Meer ist sauber, die Menschen sind sehr
evgenikî ke filóxeni, o kerós îne kalós,
freundlich und gastfreundlich, das Wetter ist gut,
i paralîes îne ómorfes ke to fagitó îne nóstimo.
die Strände sind schön und das Essen ist lecker.

Echis dîkio. Xéris tin Krîti;
Du hast Recht. Kennst Du Kreta ?

Ne, tin xéro.
Ja, das kenne ich.

Ine pára polî ómorfi.
Sie ist am schönsten.
Sie ist ganz besonders schön.

> Wenn ein Grieche eine Stadt, eine Insel, eine Gegend Griechenlands als das schönste Stückchen Erde auf dieser Welt bezeichnet, dann kannst Du hundertprozentig sicher sein, daß er von seiner engeren Heimat spricht. Versucht er Dir zu schildern, wie wunderbar es da oder dort sei, dann widersprich ihm nicht, auch wenn Du das alles dort etwas anders empfunden haben möchtest, denn Du würdest ihn sehr kränken. Fragt er Dich, ob Du einen ganz bestimmten Ort in Griechenland kennst und ob es Dir dort gefallen hat, dann will er höchstwahrscheinlich herausfinden, ob Du seinen geliebten Heimatsort auch gebührend zu schätzen weißt.

Egó îme apó tin Krîti.
Ich bin aus Kreta.

To chorió mou îne mikró.
Das Dorf mein ist klein.

I ikogénia mou si sto chorió.
Die Familie mein lebt im Dorf.
Achtung! Stimmenhaftes "s" bei "si"!

O patéras mou échi pollá sóa, próvata ke katsîkia.
Der Vater mein hat viele Tiere, Schafe und Ziegen.

I mitéra mou doulévi sto spîti, ta adélfia mou
Die Mutter mein arbeitet im Haus, die Geschwister mein
îne pandreméni, ke egó spoudáso stin Athîna.
sind verheiratet und ich studiere in Athen.

Allá to kalokéri páo sto chorió giá diakopés.
Aber im Sommer gehe ich ins Dorf auf Ferien.

Wörter, die gerade vorkamen und
Wörter, die Du gleich mitlernen kannst:

i forá	das Mal
i próti forá	das erste Mal
álli forá	ein anderes Mal
dío, trís forés	zwei-, dreimal
mía forá	einmal
pollés forés	häufig, oft, viele Male
i deftéri forá	das zweite Mal
i tríti forá	das dritte Mal
xéro	ich weiß, ich kenne
xérete	Sie kennen, kennen Sie?
pollí, pollés, pollá	viele
polí	sehr
i Pelopónnissos	die Peloponnes
i Athína	Athen
to monastíri	das Kloster
to nissí	die Insel
mou aréssi	es gefällt mir
ssas aréssi	es gefällt euch (Ihnen)
i Elláda oder i Ellás Gen. Ellados	Griechenland
pára polí	sehr, ganz besonders
pro pánton	vor allem
i thallássa	das Meer
i límni	der See
katharós, -í, -o	rein, sauber
o ánthropos	der Mensch
evgenikós, -i, -o	freundlich
filóxenos, -i, -o	gastfreundlich
o kerós	die Zeit, das Wetter
kalós, -i, -o	gut, fein
kallítere, pió kaló	besser
íme kallítera	es geht mir besser
i paralía	der Strand
ómorfos, -i, -o	schön

to fagitó	das Essen
nóstimos, -i, -o	schmackhaft
to díkio	das Recht
écho díkio	ich habe Recht
i ikogénia	die Familie
so (stimmhaftes "s"!!)	ich lebe
i sói	das Leben
to sóón	das Lebewesen, Tier
to próvato	das Schaf
to katsíki	die Ziege
to arní	das Lamm
doulévo	ich studiere
i douliá	die Arbeit
to spíti	das Haus
spoudáso	ich arbeite
allá	aber
to kalokéri	der Sommer, im Sommer
páo	ich gehe
to chorió	das Dorf
giá	wegen, für, zu, nach
giatí	warum?
i diakopés (Mz)	die Ferien
tou chrónou	im nächsten Jahr
o chrónos	die Zeit

Unentbehrliche **Wörter und Ausdrücke:**

xéro	ich weiß, ich kenne
xérete;	kennen Sie? Kennt ihr?
i Elláda	Griechenland
giá	nach
giatí	warum?
Chrónia pollá	Viele Jahre (sollst Du leben)! Glückwunschformel zu sämtlichen feierlichen Anlässen!

Zeitangabe

Die Jahreszeiten

i ánixi	der Frühling
tin ánixi	im Frühling
to kalokéri	der Sommer
to kalokéri	im Sommer
to ftinóporo	der Herbst
to ftinóporo	im Herbst
o chimónas	der Winter
to (n) chimóna	im Winter
i epochî, i epochés	die Jahreszeit, die Jahreszeiten

Die Monate

o Ianuários	Januar	o Ioúlios	Juli
o Fevrouários	Februar	o Ávgustos	August
o Mártios	März	o Septémvrios	September
o Aprîlios	April	o Októbrios	Oktober
o Máios	Mai	o Noémvrios	November
o Ioúnios	Juni	o Dekémvrios	Dezember

o mînas, i mînes — Der Monat, die Monate

Die Wochentage

i Kiriakî	Sonntag
i Deftéra	Montag (eigentlich: der zweite Tag)
i Trîti	Dienstag (der dritte Tag)
i Tetárti	Mittwoch (der vierte Tag)
i Pémpti	Donnerstag (der fünfte Tag)
i Paraskevî	Freitag
to Sávato	Samstag

i méra	der Tag
i evdomáda	die Woche
i kathimerinî	der Wochentag
to Ssavatokîriako	das Wochenende

Die Feiertage

to Pás/cha	Ostern
ta Christoúgenna	Weihnachten
i Megáli Evdomáda	die Karwoche
i Megáli Paraskevî	Karfreitag
i Pentikostî	Pfingsten
i eortî	der Feiertag

Die Tageszeiten

i méra, i méres	der Tag, die Tage
to proî	der Morgen, morgens
to messiméri	der Mittag, mittags
to apógevma	der Nachmittag, nachmittags
to vrádi	der Abend, abends
i nîchta, i nîchtes	die Nacht, die Nächte
ti nîchta	nachts
i óra tis iméras	die Tageszeit

Uhrzeit

i óra, i óres	die Stunde, die Zeit; Stunden
to leptó, ta leptá	die Minute, die Minuten
to defterólepto	die Sekunde

Die Uhrzeit wird im Griechischen mit den Wörtern **ke** (=und) sowie **pará** (= ?) gebildet. Ja, dieses **pará** ist in diesem Zusammenhang schwer zu übersetzen. Normalerweise heißt es "von, bei, neben, vor.

Um es bei der Uhrzeit besser zu verstehen, kann man sich vorstellen, es hieße "ohne", dann ergibt die Übersetzung einen Sinn.

Ti óra îne; (Welche Zeit ist es?)
Échome..(wir haben..) , **îne..**(es ist..)

déka ke pénte	10 und 5	(= 10.05 Uhr)
déka ke tétarto	10 und 1/4	(= 10.15 Uhr)
déka ke îkossi pénte	10 und 25	(= 10.25 Uhr)
déka ke missî	10 und 1/2	(= 10.35 Uhr)

Sind die ersten 30Minuten um, wird ab der 31. mit **pará** gearbeitet:

éndeka pará ikossi pénte	11 ohne 25	(= 10.35 Uhr)
éndeka pará tétarto	11 ohne 1/4	(= 10.45 Uhr)
éndeka pará déka	11 ohne 10	(= 10.50 Uhr)
éndeka i óra	11 Uhr	(= 11.00 Uhr)

Verben + Zeiten, 2.Teil

Eigentlich kann man sich unterwegs ganz gut sprachlich ohne Vergangenheitsformen weiterhelfen. Ist es trotzdem einmal unumgänglich notwendig, klarzustellen, daß etwas bereits gewesen ist, versuche es einfach mit:

chtes (= gestern) oder **prochtés** (= vorgestern)

Dem kommt entgegen, daß **prochtés** sowohl "vorgestern" als auch einen weiter zurückliegenden Zeitraum umfaßt.

Für die Zukunft sieht das ähnlich aus. Die entsprechenden Wörter heißen:

ávrio (= morgen) und **méthávrio** (= übermorgen)

Wieder umfaßt das Wort für "übermorgen" auch Zeitabschnitte, die weiter in der Zukunft liegen.

Avria méthavria bedeutet "wer weiß wann", "nie".

Auch wenn Du Dir mit **"chtes"** und **"prochtés"** schon weiterhelfen kannst, wenn Du von der Vergangenheit sprichst, so ist es für Dich trotzdem noch wichtig, zu wissen, wie die Bildung der Vergangenheitsform vor sich geht. Denn schließlich willst Du ja nicht nur verstanden werden, sondern Du willst auch selbst verstehen.

Vergangenheit: Der Aorist

Es gibt im Neugriechischen mehrere Vergangenheiten. Die, mit der ich Dich bekanntmachen will, ist die gebräuchlichste. Man nennt sie den **Aorist**. Seine Bildung ist deswegen nicht ganz einfach, weil sie nicht mit dem Wortstamm der Gegenwart, sondern mit einem zweiten Wortstamm erfolgt. an diesen werden dann die Endungen angehängt.
Ich nenne Dir jetzt einige wichtige Zeitwörter in ihrer Gegenwarts- und Vergangenheitsform . Wenn Du die einigermaßen beherrscht, bist Du gut versorgt.

	Gegenwart	Aorist (Verg.)
abfahren	**févgo**	**éfiga**
ankommen	**ftáno**	**éftassa**
bleiben, wohnen	**méno**	**émina**
denken	**nomîso**	**nómisa**
essen	**trógo**	**éfaga**
fahren, gehen	**páo**	**pîga**
geben	**dîno**	**édossa**
haben	**écho**	**îcha**
hören	**akoúo**	**ákoussa**
reden	**miló**	**mîlissa**
reisen	**taxidévo**	**taxîdepsa**
sehen	**blépo**	**îda**
wissen	**xéro**	**ixera**

pîg-a ich ging
pîg-es du gingst
pîg-e er, sie, es ging
pîg-ame wir gingen
pîg-ate ihr gingt (Sie gingen)
pîg-an sie gingen

Unregelmäßige Verben

Es gibt leider auch einige unregelmäßige Verben. Von zweien, die Du häufig brauchen wirst, liste ich hier die Formen auf, vielleicht hast Du Zeit, sie auswendig zu lernen.

érchome ich komme

	GEGENWART	AORIST(VERG.)	ZUKUNFT
ich	**èrchome**	**îrtha**	**tha érchome**
du	**érchese**	**îrthes**	**the érchese**
er	**érchete**	**îrthe**	**tha érchete**
wir	**erchómaste**	**îrthame**	**tha erchómaste**
ihr	**érchestе**	**îrthate**	**tha érchestе**
sie	**érchónte**	**îrthan**	**tha érchonte**

gînome werden, geschaffen werden, alt werden

	GEGENWART	AORIST(VERG.)	ZUKUNFT
ich	**gînome**	**égina**	**tha gînome**
du	**gînese**	**égines**	**the gînese**
er	**gînete**	**égine**	**tha gînete**
wir	**ginómaste**	**egîname**	**tha ginómaste**
ihr	**gîneste**	**egînate**	**tha gîneste**
sie	**gînonte**	**éginan**	**tha gînonte**

In einigen Redewendungen wirst Du auch noch einige andere Formen hören:

Gînete.	Es geschieht. Die Sache läuft!
Ti égine;	Was ist passiert?
Ti tha gîni;	Was wird werden? Was nun?
th'arthó	Ich werde kommen (Zukunft)
Ela!	Komm!
Eláte!	Kommt! Kommen Sie! Treten Sie ein!
éla, éla!	Komm, komm! Los, los!

Präpositionen

Die meisten kannst Du mit dem Akkusativ benutzen. Präpositionen mit dem Genitiv sind sehr selten und der Dativ ist im Griechischen ja ohnehin verlorengegangen. Aber damit nicht genug, auch die im Deutschen so streng gehandhabte Unterscheidung zwischen dem "Wohin" und dem "Wo" ist dem Griechen völlig unverständlich.

antî	statt, anstatt
	Antî makarónia thélo tiganités patátes. Statt Makaroni möchte ich gebratene Kartoffeln (Pommes!)
apó	aus
	Irthe apó tin Athîna. Er (Sie, es) kam aus Athen.
	seit
	Imaste stin Elláda apó to Pás/cha. Wir sind in Griechenland seit Ostern.
	als (beim Komparativ)
	Ta ssîka îne pió gliká apó ta mîla. Die Feigen sind süßer als die Äpfel.
giá	um zu, zu
	Páo giá banjo. Ich gehe zum Baden.
me	mit
	Thélo mîa omelétta me tirî. Ich möchte ein Omelett mit Käse.
metá	nach, nachher
	Metá to próînó tha kánoume mîa ekdromî. Nach dem Frühstück werden wir einen Ausflug machen.
méchri	bis (zu)
	Méchri to prôî. Bis zum Morgen.

se, s'	an, in , auf, zu (!! **ston, stin, sto, stous, stis, sta** bei Artikeln!!) **O fîlos mou si stin Athîna.** Mein Freund lebt in Athen. **O fîlos mou pái stin Athîna.** Mein Freund geht nach Athen.
chorîs	ohne **Dóste mou tin ssaláta chorîs ládi.** Geben Sie mir den Salat ohne Öl.
oss	bis (örtlich und zeitlich) **Irthame oss to limáni.** Wir gingen bis zum Hafen. **Periménamе oss tis déka.** Wir warten bis zehn.
éxo apó	außerhalb **Exo apó to chorió échi ambélia.** Außerhalb d. Dorfes gibt es Weinstöcke
kontá sse	nahe **Ta spîtia îne kontá sti thálassa.** Die Häuser sind nahe am Meer.
méssa se	innerhalb **Echome éna domátio méssa sto chorió.** Wir haben ein Zimmer (mitten) im Dorf
metá apó	nach **Metá apó ti ssoúpa thélo na écho psária.** Nach der Suppe möchte ich haben Fische.
prin apó	vor (zeitlich) **Irthame prin apó dîo méres.** Wir kamen vor zwei Tagen.

fragen

Die Wortstellung des griechischen Fragesatzes ist ist genauso wie die des deutschen, und zwar sowohl bei Verwendung eines Fragewortes als auch ohne.

Fragewörter

ti;	was? wie?	**piós îne aftós;**	wer ist das?
pou;	wo? wohin?	**póssos,-i,-o;**	wieviel?
póte;	wann?	**apó pou;**	woher?
giatî;	warum?	**piós,-á,-ó**	wer(welcher)?

Wie Du siehst benutzt der Grieche anstelle unseres **Fragezeichens** ein **Semikolon**. Das ist der größte Unterschied.

Ti thélis;
Was möchtest-du?

Thélis káti;
Möchtest-du etwas?

Pou îsse;
Wo bist-du?

Isse édo;
Bist-du hier?

Pou pas;
Wohin gehst-du?

Pas sto spîti;
Gehst-du nach Haus?

Pósso káni to issitîrio;
Wieviel macht(kostet) der Fahrschein?

verneinen

Bei der Verneinung steht das Wort **den** (=nicht) immer vor Subjekt und Prädikat:

den thélo = nicht ich-will (=ich will nicht)
den boró = nicht ich-kann (=ich kann nicht)

Ochi = nein

Ochi, den kapnîsso = Nein, nicht ich-rauche

Anrede- und Höflichkeitsformen

begrüßen

Es gibt Länder, da ist es nicht üblich, sich auch bei rein zufälligen oder "inoffiziellen" Begegnungen vernehmlich und ausdrücklich zu begrüßen. In Griechenland ist das anders, eher so ähnlich wie bei uns im deutschsprachigen Raum. Betritt man ein kleines Lokal oder ein Geschäft, so sagt man zur Begrüßung:

Chérete oder **Giá ssas**
Seid gegrüßt! Grüß Sie! (Ihre Gesundheit)

Und als Antwort gibt es je nach Lust und Laune entweder wiederum ein **"Chérete"** oder **"Giá ssas"** oder aber eine der Tageszeit entsprechende Grußformel, die gleichfalls auch als Begrüßungsanrede zu gebrauchen ist.

Kaliméra Guten Tag!

Dieser Gruß gilt nur bis zur Mittagszeit, danach gelten die mehr "neutralen" Ausdrücke, bis dann am späten Nachmittag ein anderer Gruß bevorzugt wird:

Kalispéra. Guten Abend!

Dieser Gruß gilt bis spät in die Nacht hinein und wird zur Schlafenszeit abgelöst durch:

Kaliníchta. Gute Nacht!

Als Abschiedsgruß zu jeder Tages- und Nachtzeit kannst Du gebrauchen:

Antío! Adieu! Tschüß!

anreden

Griechen benutzen selten den Nachnamen, sie reden sich lieber mit dem Vornamen an. Kennt man sich nicht besonders gut oder bestehen gewissen Alters- oder Standesunterschiede, so benutzt man den Vornamen und siezt sich dabei. Wenn Du sehr jung bist, wird es Dir bestimmt passieren, daß ältere Griechen Dich duzen. Du solltest dann aber trotzdem nicht zurückduzen, das wäre sehr unhöflich! Aber auch nicht mehr ganz so junge Leute werden von sehr alten Männern und Frauen geduzt, einfach aus dem Gefühl heraus, daß der Altersunterschied so groß ist wie zwischen Eltern und Kindern. Auch in so einem Falle sollte man mit dem Duzen zurückhaltend sein. Ich habe mehrfach erlebt, daß schon in den mittleren Jahren stehende Frauen - auch Ausländerinnen - von älteren Griechen als

"**pedî** = Kind" oder "**kopélla** = Mädchen" oder
"**kourîtzi** = kleines Mädchen"

angeredet wurden. Solche Anreden sind weder böse gemeint noch handelt es sich dabei in der Regel um Annäherungsversuche, eher ist es Ausdruck einer gewissen Sympathie.

Giá ssou, pediá, ti kanéte;
Grüß euch, Kinder, wie geht es euch?

Es wird oft behauptet, diese Frage sei im Griechischen ähnlich wie im Englischen das "How are You?" zu einer reinen Leerformel erstarrt, und weder erwarte der Fragende eine wahrheitsgetreue Antwort noch käme der Gefragte auf die Idee, etwas anderes zu erwidern als:

Kalá, efcharistó, essîs;
Gut, danke, und Sie (du)?

Ich habe da eigentlich ganz andere Erfahrungen gemacht. Ganz abgesehen davon, daß man diese standartisierten Antworten variieren kann, indem man sagt:

polî kalá	**kalá**	oder	**étsi, gétsi**
sehr gut	gut		so lala

was ja schon eine erheblich differenzierte Aussage beinhaltet, habe ich oft erlebt, daß Menschen, die gerade Kummer hatten, überarbeitet waren oder unter Schmerzen litten garnicht "standartisiert" antworteten, sondern anfingen, von ihren Problemen zu berichten. Für die Durchschnittssituation gelten diese Redewendungen wohl, nicht aber für Sonderfälle.

Kaliméra kîrie Evangéli, ti kánete;
Guten Tag, Herr Evangeli, wie geht es Ihnen?

Kalá, efcharistó, essîs;
Gut, Danke, und wie geht es Ihnen?

Polî kalá, dóxa to theó. pos îne i kirîa Marîa;
Sehr gut, Gott sei Dank! Wie geht es Frau Maria?

Efcharistó, îne kalá. Chthes îche lîgo ponokéfalo allá ssîmera îne entáxi.
Danke, es geht ihr gut. gestern hatte sie ein wenig Kopfweh, aber heute ist sie in Ordnung.

Grußformeln zu bestimmten Anlässen

Kalós írthate	Herzlich willkommen!
Kalín antámossi	Auf Wiedersehen! (nur z. Abreise!)
Kaló taxídi	Gute Reise!
Toú chrónou	Im nächsten Jahr! (Gemeint ist: Auf Wiedersehen im n. Jahr!)
Kálin efdomáda	Eine gute Woche! (zum Wochenanfang)
Kaló mína	Einen guten Monat! (zum Monatsanfang)
Chrónia polá	Viele Jahre! (soll es uns gut gehen)
Chrónia polá ke kalá	Viele und gute Jahre! (Man wünscht es sich zu allen festlichen Anlässen)
Christós anésti	Christus ist auferstanden! Ostergruß! Man ruft es sich in der Osternacht nach der Auferstehungsliturgie zu und auch am Ostersonntag.

Übrigens: Verwandte und gute Freunde begrüßen und verabschieden sich in Griechenland sehr häufig mit <u>zwei Wangenküssen</u> - auf jede Wange einen. Passiert es Dir einmal, daß Dich jemand freundschaftlich umarmt und küsst, solltest Du diese Küsse erwidern - aber natürlich in der dafür üblichen Form.

unterwegs...

...mit dem Flugzeug

nützliche Vokabeln

to aeróplano	das Flugzeug
to aerodrómio	der Flughafen
i áfixis	die Ankunft
i anachórisis	der Abflug, die Abfahrt
i ptíssis	der Flug
paó me to aeróplano	ich fliege gehe mit dem Flugzeug
páo Aor. píga	ich gehe, reise
i ptíssis exoterikoú	Auslandsflug
i ptíssis essoterikoú	Inlandsflug
to grafío	das Büro
to grafío taxidión	das Reisebüro
to grafío tis Olimpiakís	der Schalter, das Büro der Olympic
o pínakas dromologíon	Flug(fahr)plan
o pínakas	die Tafel, Bild (denk an die Pinakothek!)
to dromológio	Reiseroute, Fahrplan
to issitírio	Fahrkarte, Ticket
to issitírio me epistrofí	Rückfahrkarte
to epómene aeróplano	das nächste Flugzeug
epómenos, -i, -o	nächster, -e, -es
i karótsa, ta karótsia	Gepäckkarren
févgo Aor. éfiga	fliehen, abfahren
ftáno Aor. éftassa	ankommen, genügen

Pou íne to grafío tis Olimpiakís;
Wo ist das Büro der Olympic?

Póso káni (kostíssi) to issitírio giá tin Ssámo;
Wieviel kostet das Ticket nach Samos?

Póte prépi na íme sto aerodrómio;
Wann ist-es-nötig, daß ich-bin am Flughafen.
Wann soll ich am Flughafen sein?

Póte févgi to aeroplano;
Wann fliegt das Flugzeug ab?

Póte ftáni;
Wann kommt es an?

Echete éna dromológio gia ména;
Haben-Sie einen Flugplan für mich?

Thélo éna issitírio me epistrofí giá to aeróplano
Ich-möchte eine Rückflug Karte für das Flugzeug
pou févgi stis tris ke téttarto. Efcharistó.
das abfliegt um 3 und 3/4. Danke.
Ich möchte eine Rückflugkarte für das Flugzeug um 15.45 Uhr. Danke.

...mit Schiff und Fähre

Fahrpläne für die Hauptschiffahrtslinien gibt es bei den griechischen Fremdenverkehrszentralen, auf den Flughäfen in Griechenland liegen manchmal welche aus und natürlich bei den Schiffsagenturen. Manchmal ist es schwer, Schiffsverbindungen zu kleinerern Inseln herauszukriegen, vor allem außerhalb der Hauptsaison. Am besten man begibt sich direkt zum jeweiligen Abfahrtshafen und geht zu den einzelnen Schiffsagenturen. Nicht jede

Agentur vertritt sämtliche Linien, die in bestimmte Regionen fahren! Es kann Dir also passieren, daß Du nach einer Frühverbindung fragst und man Dir in der Agentur sagt, das Schiff gehe am Nachmittag. Hinterher stellst Du fest, daß Du im falschen Schiffsbüro gewesen bist, Karten für das Frühschiff gab's woanders.

to karávi	das Schiff
to férri (bot)	das Fährschiff
to vapóri	der Dampfer
to kajíki	das Boot
i várka	die Barke
piáno Aor. épiassa	anhalten, anlegen
piasméno	besetzt
reserváro Aor. resérvara	buchen, reservieren
i théssi	der Platz, Sitz
i touristikí théssi	Touristenklasse
i défteri théssi	2. Klasse
i próti théssi	1. Klasse
i kabína	die Kabine
i tourisikí kabína	Kabine Touristenklasse
to katástroma	das Deck
to kreváti	das Bett
to praktorío	die Agentur
to praktorío karabión	die Schiffsagentur
to limáni	der Hafen
vevéos	sicherlich, bestimmt

Póte ipárchi karábi giá tin Andro ;
Wann gibt es (ein) Schiff nach Andros?

Káthe méra sto proí ke sto apógevma.
Jeden Tag morgens und am Nachmittag.

Apó pou févgi to karábi;
Von wo geht das Schiff ab?

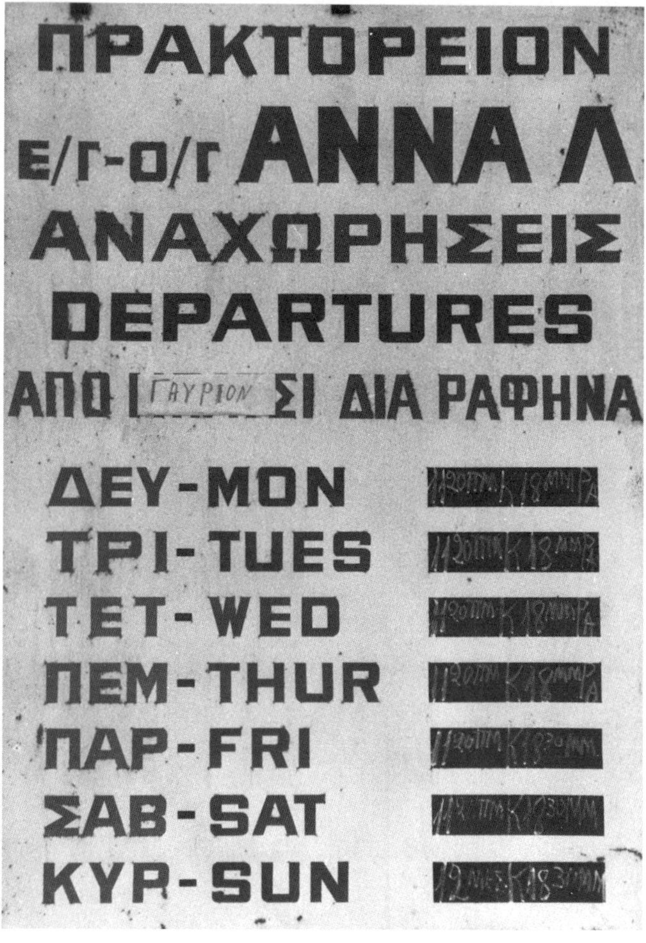
ΠΡΑΚΤΟΡΕΙΟΝ
Ε/Γ-Ο/Γ ΑΝΝΑ Λ
ΑΝΑΧΩΡΗΣΕΙΣ
DEPARTURES
ΑΠΟ Ι ΓΑΥΡΙΟΝ ΣΙ ΔΙΑ ΡΑΦΗΝΑ
ΔΕΥ-MON
ΤΡΙ-TUES
ΤΕΤ-WED
ΠΕΜ-THUR
ΠΑΡ-FRI
ΣΑΒ-SAT
ΚΥΡ-SUN

Das steht auf dem Schild:	
PRAKTORÍON	SCHIFFSAGENTUR
EG -O/G ANNA L	(Name))
ANACHORISIS	ABFAHRTEN
APO GÁVRIO DIA RAFÍNA	VON GAVRION NACH RAFINA
DEV (DEVTÉRA)	MONTAG
TRI (TRÍTI)	DIENSTAG
TET (TETÁRTI)	MITTWOCH
PEM (PÉMPTI)	DONNERSTAG
PAR (PARASKEVI)	FREITAG
SAV (SÁVATO)	SAMSTAG
KIR (KIRIAKÍ)	SONNTAG

Apó tin Rafîna.
Von Rafina aus.

Apó ton Pireá then ipárchi;
Von Piräus aus gibt es keins?

Ochi, mónon apó tin Rafîna.
Nein, nur von Rafina aus.

Ipárchoun praktoria stin Rafîna, pou boró na páro éna issitírio;
Gibt es Schiffsagenturen in Rafina, wo ich kaufen kann ein Ticket?

Vevéos. Sicherlich.

Sse pió méros tis Androu piáni to karábi;
An welchen Platz in Andros legt das Schiff an.

Sto Gávrio, pou îne to próto limáni tis Androu.
In Gavrion, wo der (erste) Haupthafen v. A. ist.

...mit dem Bus

to leoforío	der Bus
to praktorío leoforíon	die Busagentur; auch: die Abfahrtsstelle
to nikterinó leoforío	der Nachtbus
i pórta	die Tür
to paráthiro	das Fenster
pliróno Aor. plírossa	zahlen
i stássi	die Haltestelle
o ssofér, o odigós	der Fahrer
o elengtís	der Schaffner

Der Busverkehr zwischen den einzelnen Städten des Festlandes und auch auf den Inseln wird durch private Busunternehmen organisiert. Bei weiten Strecken empfiehlt es sich, Fahrkarten mit nummerierten Plätzen schon im Voraus bei einer Agentur zu kaufen.

Thélo na páo stin Lárissa.
Ich möchte nach Larissa fahren.

Pósso káni to issitírio;
Was kostet der Fahrschein?

Póte févgi to epómeno leoforío;
Wann geht der nächste Bus?

Echi nikteriná leoforía;
Gibt es Nachtbusse?

Thélo mía théssi sto paráthiro.
Ich möchte einen Platz am Fenster.

Ti óra ftáno sti Lárissa;
Um wieviel Uhr komme ich in Larissa an?

...mit der Eisenbahn

to tréno	der Zug
to grafío tou trénou	der Schalter d. E.
	das Eisenbahnbüro
o ssideródromos	die Eisenbahn
to ssídero	das Eisen
o ssiderodromikós stathmós	die Eisenbahnstation
to koupé	das Abteil
to vagón li	des Schlafwagen
to vagón restorán	der Speisewagen
to kilikío	das Büffett

Übrigens: Die Untergrundbahn in Athen heißt:
o ilektrikós

...mit eigenem Auto

Hast Du die Absicht, Griechenland mit dem Auto oder dem Motorrad zu bereisen, und willst Du dabei nicht nur die Autobahnen benutzen, so solltest Du unbedingt die neugriechischen Großbuchstaben gründlich lernen. Die Straßenschilder auch auf den gut ausgebauten Nebenstrecken und vor allem bei manchen äußerst verwirrenden Stadtdurchfahrten sind hin und wieder nur auf Griechisch beschriftet.

ΚΙΝΔΥΝΟΣ heißt **Gefahr!**

Meist steht dieses Wort in Zusammenhang mit einem anderen, das die "Gefahr" näher bezeichnet. Du tust gut daran erst vorsichtig zu fahren und dann im Wörterbuch nachzuschlagen.

WICHTIGE GRIECHISCHE ORTSNAMEN:

ΑΘΗΝΑΙ	ATHEN	ΚΑΛΑΜΠΑΚΑ	KALAMBAKA
ΑΛΜΥΡΟΣ	ALMYROS	ΚΑΣΤΟΡΙΑ	KASTORIA
ΑΜΦΙΣΣΑ	AMPHISSA	ΚΑΤΕΡΙΝΗ	KATERINI
ΑΡΓΟΣ	ARGOS	ΚΟΖΑΝΗ	KOSANI
ΒΕΡΟΙΑ	VERIA	ΚΟΡΙΝΘΟΣ	KORINTH
ΒΟΛΟΣ	VOLOS	ΛΑΜΙΑ	LAMIA
ΒΟΥΛΑ	VOULA	ΛΑΡΙΣΑ	LARISSA
ΓΡΕΒΕΝΑ	GREVENA	ΜΕΓΑΡΑ	MAGARA
ΔΑΦΝΙ	DAPHNI	ΜΕΣΣΟΛΟΓΓΙΟΝ	MESSOLONGION
ΔΕΛΦΟΙ	DELPHI	ΝΑΟΥΣΑ	NAOUSSA
ΔΩΔΩΝΑ	DODONA	ΝΑΥΠΑΚΤΟΣ	NAUPLION
ΕΛΕΥΣΙΣ	ELEUSIS	ΝΑΥΠΛΙΟΝ	NAUPAKTOS
ΕΥΒΟΙΑ	EUBÖA	ΟΛΥΜΠΙΑ	OLYMPIA
ΕΠΙΔΑΥΡΟΣ	EPIDAURUS	ΠΑΤΡΑΙ	PATRAS
ΗΓΟΥΜΕΝΙΤΣΑ	IGOUMENITZA	ΣΑΛΑΜΙΣ	SALAMIS
ΗΡΑΚΛΕΙΟΝ	IRAKLION	ΣΟΥΝΙΟΝ	SOUNION
ΘΕΣΣΑΛΟΝΙΚΗ	THESSALONIKI	ΣΠΑΡΤΗ	SPARTA
ΘΗΒΑΙ	THEBEN	ΤΡΙΠΟΛΙΣ	TRIPOLIS
ΙΩΑΝΝΙΝΑ	JANNINA	ΦΙΛΙΠΠΟΙ	PHILIPPI
ΚΑΒΑΛΑ	KAVALA	ΧΑΛΚΙΣ	CHALKIS
ΚΑΛΑΜΑΤΑ	KALAMATA		

Ein Schild, das zwar wie ein Ortschild aussieht, aber keines ist, begegnet einem alle paar Kilometer auf griechischen Straßen. Es sieht so aus:

ΓΕΦΥΡΑ und bedeutet **Brücke**

Man tut gut daran, diese Schilder gebührend zu beachten, denn oft verengt sich die Fahrbahn. Bei Gegenverkehr wird's also eng.

Thélo na nikiásso mîa motossikléta giá mîa méra.
Ich möchte mieten ein Motorrad für einen Tag.

Pósso kostîssi tin méra; Was kostet es am Tag?

Pòsso káni tin vdomáda masî me assfália ke vensîni;
Was macht es pro Woche zusammen mit Versicherung und Benzin?

Dóste mou déka pénte lîtres apló, parakaló.
Geben Sie mir 15 Liter normal, bitte.

Exetásete tin pîessi sta lásticha ke alláxte ta ládia.
Prüfen Sie den Reifendruck und wechseln Sie (die) das Öl.

Während man auf den normalen Landstraßen keinerlei Schwierigkeiten hat, sich den Verkehrsverhältnissen anzupassen, ist der Fahrstil der Griechen auf autobahnähnlichen Schnellstraßen für den unerfahrenen Griechenlandneuling äußerst nervenaufreibend. die Art, wie man links überholt, die mittlere Markierungslinie weiträumig überfährt und per Hupe und Lichthupe Zeichen gibt, ist nicht jedermanns Sache! Fahre daher bitte besonders vorsichtig und verlasse Dich nicht auf irgendwelche Verkehrsregeln, die der andere einhalten sollte! Von Athen will ich in diesem Zusammenhang garnicht erst reden!

SELBSTFAHRER VOKABULAR

ssoúper	super
to petrélio	Diesel
to neró	das Wasser
i batariá	die Batterie
pórt bagás	der Gepäckraum
to fanári	die Ampel, der Leuchtturm

ta fanária	Die Autolampe
to arossetér	der Stoßdämpfer
to tepóssito	der Tank
i kikloforîa	der Kreislauf, Verkehr
o arithmós	die Zahl
o arithmós kikloforiás	die Autonummer
to apestagméno neró	destilliertes Wasser
i asfália	die Sicherung, Versicherung
to fîltron	das Filter
to vensinádiko	die Tankstelle
to diódion	Die Mautstelle
gemîso Aor. gémissa	füllen
exetáso Aor. exétassa	prüfen, untersuchen
i exétassi	die Prüfung
nikiáso Aor. nikîassa	mieten, vermieten
to aftokînito	das Auto
i ámaxa	der Wagen
i motossikléta	das Motorrad
i michanî	die Maschine
i tachîtita	die Geschwindigkeit
tachîs, -i, -o	schnell (Tachometer!)
to ládi	das Öl
i pîessi	der Druck
i pîesse ladioú	der Ölstand
ta lásticha	die Reifen
i pîessi sta lásticha	der Reifendruck
i katharistîres	die Scheibenwischer
katharós, -i, -o	sauber, rein
to fréno	die Bremse
to podófreno	die Fußbremse
to chirófreno	die Handbremse
to pódi	der Fuß
to chéri	die Hand
to fos	das Licht
i vensîni	Benzin
to lîtro, i lîtres	Liter
alláso Aor. állaxa	wechseln

...mit dem Taxi

to taxî	das Taxi
o taxitsis	der Taxifahrer
stássou	stop
periméno Aor. perîmena	warten
i valîtsa	der Koffer
i tsánta	die Tasche
ta prágmata	die Sachen, das Gepäck
to prágma	die Sache, das Ding
o taxiodikós sákkos	der Rucksack
to aftokînito	das Auto
odigó Aor. odîgissa	steuern
ssigá	langsam
grîgora	schnell
eléfthero	frei
piasméno	besetzt
to portbagás	der Kofferraum
to métrima	die Messung, der Zähler

Thélo éna taxî, parakaló.
Ich hätte gern ein Taxi.

Pósso tha kostîssi giá dîo átoma sto aerodrómio;
Was wird es kosten für zwei Leute zum Flughafen?

Entáxi. In Ordnung.

Kratîste ta résta.
Behalten Sie den Rest.

übernachten

ΞΕΝΟΔΟΧΕΙΟΝ = HOTEL

Da die Lebenshaltungskosten in Griechenland allgemein sehr gestiegen sind, sind auch die Preise für Unterkünfte in die Höhe gegangen. Trotzdem kannst Du, wenn Du keine hohen Ansprüche stellst, immer noch recht preiswert unterkommen. Das gilt insbesondere für küstenfernere Orte, sei es auf dem Festland, sei es auf den Inseln. Auch solltest Du es vermeiden in der Hauptsaison - Juli, August - durch Griechenland zu reisen, da die Griechen dann selbst Ferien machen. Dann sind alle Verkehrsmittel überfüllt und alle billigen Zimmer vergeben. Das Übernachten im Freien solltest Du bleiben lassen da es aus verschiedenen Gründen problematisch ist. Zwei Gedanken sollen genügen:

1. Die Griechen haben das nicht so gerne (sie möchten natürlich lieber, daß Du in ihren Hotels übernachtest).
2. Umweltbelastung durch Müll und Abfall.

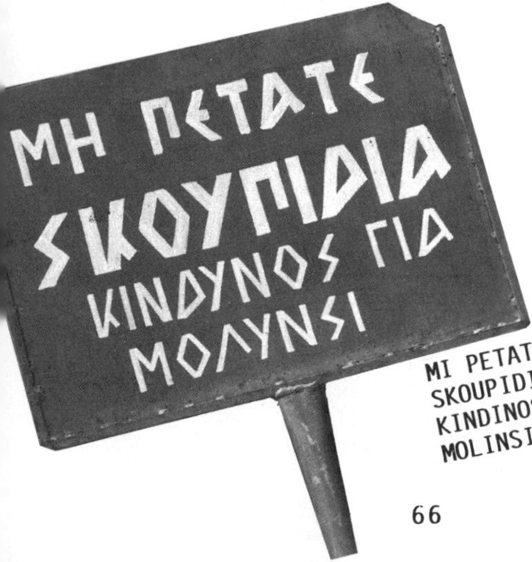

MI PETATE SKOUPIDIA KINDINOS GIA MOLINSI

Nicht werfen Abfälle Gefahr von Infektion

Einige wichtige Vokabeln

o xénos	der Fremde
to xenodochîo	das Hotel
to domátio	das Zimmer
to proinó	das Früh-stück
i touláпа	der Schrank
to kreváti, ta krevátia	das Bett, die Betten
to ssentóni	das Laken
ta ssentónia	die Bettwäsche
to maxilári	das Kopfkissen
i maxilarothîki	der Kissenüberzug
i kouvérta	die Zudecke
i petséta	das Handtuch
chrióno Aor. chrîossa	ich friere
i toualétta	die Toilette
to douss	die Dusche
to bánjo	das Bad
o niptíras	das Waschbecken
to plíssimo	das Waschen
to charti ijias	Toilettenpapier
o katarráktis	die Wasserspülung
to spîti	das Haus
i avlî	der Innenhof (Aula!)
i veránda	die Veranda
to balkóni	der Balkon
i terázza	die Terrasse
to thermossîfono	der Warmwasserboiler
sestós, -i, -o	heiß
chrîos, -i, -o	kalt
i kousîna	die Küche
i katsaróla	der Topf
to psigîo	der Kühlschrank
i vrîssi	die Quelle, d. Wasserhahn
o nerochîtis	der Ausguß
magirévo Aor. magîrepsa	kochen
to tsáki	der Herd

Thélete na nikiásete éna domátio;
Möchten Sie ein Zimmer mieten?

Echo éna dipló domátio, pou i toualétta ke to douss îne apéxo.
Ich habe ein Doppelzimmer, wo Toilette und Dusche außerhalb sind.

Echo éna állo spîti me miá mikrî kousîna ke me bánjo.
Ich habe ein anderes Haus mit einer kleinen Küche und mit Bad.

I kousîna échi éna psigió, éna kaló tsáki ke katseróles.
Die Küche hat einen Kühlschrank, einen guten Herd und Töpfe.

Tobánjo échi ssestó neró apó to thermossîfono.
Das Bad hat heißes Wasser aus dem Boiler.

ENIKIASONTE DOMATIA Vermiete Zimmer

ΚΑΦΕΝΕΙΟΝ

das Kafénion

Jeder griechische Ort hat mindestens ein **Kafénion**. Das **Kafénion** ist Kommunikationszentrum und Nachrichtenbörse zugleich. Daß das **Kafénion** früher nur den Männern vorbehalten war, hing mit Gewohnheiten zusammen, die nach 300jähriger Türkenherrschaft übriggeblieben waren. Heutzutage können Frauen ohne weiteres ins **Kafénion** gehen, und sie tun es auch zu einem kurzen Plausch. Allzulange aber halten sie sich dort nicht auf. Ein gewisses Taktgefühl sagt ihnen wohl, daß Männer auch einmal ganz unter sich sein sollten, genauso wie auch Frauen ohne männliche Einmischung miteinander reden möchten. Das, was die Männer im **Kafénion** tun, ist ja auch harmlos genug! Sie betrinken sich nicht - Alkoholismus ist in Griechenland so gut wie unbekannt -, sie verspielen ihr Geld dort nicht und auf Abwege welcher Art auch immer können sie dort auch nicht geraten!
Was es im **Kafénion** so alles gibt:

to kafedáki	der kleine griechische Kaffee
varî glikó	sehr süß (eigt.: schwer süß)
métrio	mittelsüß
skéto	ungezuckert
skétos, -i, -o	rein, pur, ohne Zusatz
to tsái	der Tee
to chamomîli	die Kamille, der Kamillentee
i faskomiliá	die Salbei, der Salbeitee
o neskafés	der Neskaffee, (Unseren Filterkaffee gibt es nicht!)
i lemonáda	die Limonade
i portokaláda	die Orangeade

i ssóda	Soda
to metallikó neró	Mineralwasser
i bíra	das Bier
to krassí	der Wein
to tópio krassí	der lokale Wein
to retsína	der Retsina, geharzter Wein

<u>Der Retsina</u> ist besonders bekömmlich und magenfreundlich. Anfangs schmeckt er sehr ungewohnt, und viele probieren ihn einmal, um ihn dann nie wieder anzurühren! Du solltest nicht so schnell aufgeben! Trinke doch einen Abend lang, auch wenn es Dir schwerfällt, nur Retsina! Du wirst sehen, am nächsten Tag wird der Retsina Dir schmecken! Zum griechischen Essen ist er eigentlich der beste Tischwein. Frag auch immer, ob es losen Retsina gibt! Der ist der beste.

retsína apó to baréli	Retsina aus dem Faß
kókkino retsína	roter Retsina
retsináto	retsiniert, mit Harz versehen
kókkino krassí	Rotwein
broussikos, -i, -o	herb, trocken
glikós, -i, -o	süß
imíglikos, -i, -o	halbsüß
to koniák	der Cognac

Eine Menge <u>Liköre</u> in den poppigsten Farben gibt's auch:

i ménta	Pfefferminz (likör)
i triantáfilla	Rosen (likör)(wörtl.:30 Blätter)
i banána	Bananenlikör

Das Standardgetränk bleibt natürlich: ΟΥΣΟ =Ouso

to oúso der Ouso

Alkoholisches trinkt der Grieche ungern ohne etwas dazu zu essen, und wenn es nur ein paar winzige Häppchen sind. Zum **Ouso** gibt es immer:

to mesé oder **ta mesedákia** kleine Häppchen

Diese **mesedákia** können nur aus einem Stückchen Brot, etwas Käse, einer Olive und einer Gurkenscheibe bestehen, sie können aber auch - vor allem in großen Restaurants - die herrlichsten Leckerbissen und Spezialitäten umfassen.

to kalamáki	der Strohhalm
to potîri	das Glas
to potó	das Getränk
potîso Aor. pótisa	begießen, tränken
to boukáli	die Flasche
i karáfa	die Karaffe

Férte mou, parakaló, éne métrio kafedáki.
Bringen Sie mir bitte einen mittelsüßen Kaffee.

O Fîlos mou pîni to kafedáki varî glikó.
Mein Freund trinkt den Kafedaki sehr süß.

To vrádi tha pioúme éna retsîna (retsináki) me tin paréa mas.
Abends werden wir trinken einen Retsina (-lein) mit unserer Gesellschaft.

tirbousón →

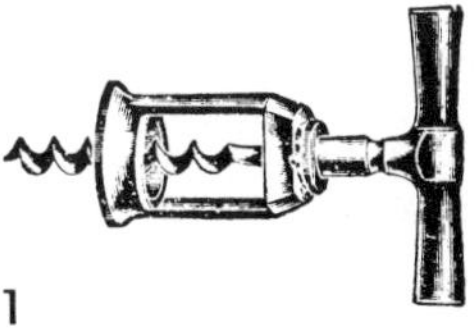

Die "paréa" ist etwas typisch Griechisches. Man kann das Wort nur schwer übersetzen. Die **"paréa"** ist eine Gruppe von Menschen, die sich zu einem bestimmten Anlaß zusammengefunden hat, zu einer Urlaubsreise, zu einem Ausflug, oder auch nur für einen einzigen Abend. Die Menschen in dieser Gruppe verhalten sich zueinander wie enge Familienmitglieder. Wenn ein Grieche zu Dir sagt **"Báme paréa"** "Gehen wir als Gruppe" so ist das immer ein Freundschaftsbeweis. In der **Paréa** würde niemand auf die Idee kommen, jeden für sich bezahlen zu lassen - das ist in Griechenland bei größeren Gesellschaften auch allgemein absolut unüblich! Einer zahlt für alle an einem Abend, am nächsten zahlt der andere. Irgendwie wird schon dafür gesorgt, daß niemand zu viel zahlen mußte! Auf den Pfennig genau muß das bei Griechen ohnehin nicht sein! In dieser Beziehung sind Griechen viel großzügiger! Das Bezahlen jedes Einzelnen für sich allein nennt man in Griechenland **"sto germanikó típo"** = "nach deutscher Art".
Übrigens: Im **Kafénion** gibt es zwar kein reguläres Essen, aber in den meisten **Kafenia** wird man Dir gerne eine kleine Mahlzeit herrichten: gebratene Eier, ein Omelett, einen Bauernsalat.

das Kéntro

KENTPO

"to Kéntro" bedeutet soviel wie "Zentrum". Das **Kéntro** liegt an einem zentralen Punkt des Ortes und zeichnet sich durch seine besondere Größe und ein reichhaltiges Angebot aus. (Das **"exochikó kentró"** hat damit wenig gemein, es ist ein Ausflugslokal weit außerhalb der Stadt und öffnet meistens erst abends. Man kann dort sehr gut essen und häufig gibt es dort auch Live-Musik.) Man kann im **Kéntro** gut frühstücken, mittags bekommt man dort warme Imbisse aller Art, vom Omelett bis zum Makkaronigericht und abends ist das **Kéntro** ein Tummelplatz für griechische Großfamilien und ausländische Touristen, die dort Süßigkeiten, Eis, Pizza und Getränke aller Art zu sich nehmen. Selbstverständlich befinden sich die meisten Sitzgelegenheiten des **Kéntro** draußen unter freiem Himmel, Gibt es in der Mittagshitze keinen Baumschatten, so werden große farbenfrohe Markisen ausgefahren, fängt es gelegentlich an zu stürmen oder gar zu regnen, so hat das **Kéntro** genügend Innenraum, um auch dann die Gäst problemlos versorgen zu können.

to proinó	das Frühstück
to proinó me neskafé	das Frühstück m. Nescafé
to proinó me tsái	das Frühstück m. Tee
to proinó me gála	das Frühstück m. Milch
to galá	die Milch
to vrastó gála	die gekochte Milch
to pagoméno gála	die eiskalte Milch
to pagotó	das Eis, Speiseeis
to giauoúrti	der Joghurt
to méli	der Honig
i melissa	die Biene
to voútiro	die Butter
i marmeláda	die Marmelade
to risógalo	Milchreis mit Zimt, eine griechische Spezialitat, die man zum Früchstück essen kann
to glikó	der Kuchen
to avgó	das Ei
vrastós, -í, -ó	gekocht
vrastá avgá	gekochte Eier
tiganitós, -í, -ó	gebraten in der Pfanne
to tigáni	die Pfanne
tiganitá avgá	gebratene Eier

das Estiatórion ΕΣΤΙΑΤΟΡΙΟΝ

ist ein Speiselokal, in dem es hauptsächlich warme Gerichte aus Töpfen und Tiegeln gibt. Die meisten dieser Gerichte werden im Backofen geschmort oder gebacken. Hinter einer großen Theke liegt der Küchenraum offen vor aller Augen und wenn Du den Ober nach der Speisekarte fragst, wird er Dich erst einmal auffordern, in die Kücke zu kommen und nachzuschauen, was es heute gerade gibt und worauf Du Appetit hast. Denn nicht alles, was auf der Speisekarte steht, wird täglich zubereitet, und die Speisekarte wird nicht täglich neu geschrieben.
Im **Estiatórion** gibt es normalerweise keine Menüs, Du mußt Dir Deine Speisen selbst zusammenstellen. Da der Grieche selbst kein großer Fleischesser ist, wird es Dir niemals übelgenommen, wenn Du nur Nudeln oder nur ein Gemüsegereicht bestellst oder einfach einen Teller voller Bohnen. Wenn Du mehrere Dinge auf einmal bestellst, kommen sie auch alle zusammen auf den Tisch, legst Du Wert auf heißes Essen, dann bestelle lieber hintereinander.
Apropos heißes Essen: im **Estiatórion** gibt es mittags und abends meistens dasselbe Essen und es kann passieren, daß das Essen abends nicht mehr ganz heiß, ja nicht einmal richtig warm ist. Ich habe oft erlebt, daß Touristen sich darüber sehr aufgeregt haben. Für den Griechen ist so etwas unverständlich. Vor allen Dingen im Sommer legt er überhaupt keinen gesteigerten Wert auf heißes Essen. Es gibt merkwürdigerweise im griechischen nicht einmal ein Wort für "heiß".
"Sestos" bedeutet "warm" und "heiß". Unser Bedürfnis nach "heißen" Speisen hängt einerseits natürlich mit unserem kalten Klima zusammen, andererseits aber auch mit den Fetten, die wir benutzen;

Butter, Margarine, Schalz etc. Sie alle gerinnen leicht und schmecken dann unangenehm. In Griechenland benutzte man früher fast ausschließlich Olivenöl zum Kochen und Braten, ein Fett also, das nicht gerinnt. Man brachte - und bringt auch heute noch - das Backblech mit der Mittagsmahlzeit zum Bäcker und aß den Rest abends in lauwarmem Zustand zu Ende auf. Inzwischen wissen die meisten Griechen, daß die Fremden gerne heiß essen, sie selbst legen keinen besonderen Wert darauf, halten es sogar für ungesund.

SITHESTIATORION	Lokalbezeichnung
"O STAMATIS"	Lokalname
STAM. THOMAS	Besitzer

A! KALO KRASSI
(Ah! Guter Wein)

Was es so alles im **Estiatórion** zu essen gibt:

Vorspeisen ta orektiká ΟΡΕΚΤΙΚΑ

taramossaláta	Paste aus Fischrogen
dsadsíki	Joghurt mit Knoblauch
melitsánes tiganités	gebr. Auberginenscheiben
melitsanossaláta	eine Art Purree aus Auberginen mit viel Knoblauch und Schafskäse
dolmadákia	gefüllte Weinblätter
anginàres	Artischocken
eliés	Oliven
piperiés	kleine scharfe Paprikas
ochtapodáki	kleine Tintenfische

Suppen ssoúpes ΣΟΥΠΕΣ

ssoúpa avgolémono	Reissuppe mit Ei und Zitrone
fassoláda	Suppe mit weißen Bohnen
chortóssoupa	Gemüsesuppe
psaróssoupa	Fischsuppe
kotóssoupa	Hühnersuppe
patsás	eine Spezialität: Kuttelsuppe, die die ganze Nacht lang köcheln muß! Sehr gut! Man ißt sie in der Frühe!
magirítsa	Ostersuppe aus den Innereien von Lämmern

Salate ssaláte ΣΑΛΑΤΕΣ

choriatikí ssaláta	Bauernsalat
vlíta	Salat aus einem spinatähnlich. Kraut, der in Salzwasser kurz gekocht und dann mit Essig u. Öl angerichtet wird.

Aus dem Backofen tou foúrnou ΤΟΥ ΦΟΥΡΝΟΥ

pastítsio	Makkaroniauflauf mit Hack
moussakás	Auberginenauflauf mit Hack
papoutsákia	Schühlein, gefüllte Auberginen
gemistá	gefüllte Tomaten und Paprikas
gígantes	Giganten, große überbackene Bohnen
kolokitháкia gemistá	gefüllte Zucchini
stifádo	Fleisch vom Rind, Kaninchen od. Zunge zusammengeschmort mit ganzen kleinen Zwiebeln
imám	Gemüseauflauf mit Auberginen, Tomaten etc.
dolmadákia	gefüllte Winblätter m. Reis und Hack und einer Ei-Zitronensoße
kotópulo psitó	gebratenes Huhn
arnáki	Lammfleisch
lagós	Hase
dolmádes láchano	Kohlrouladen
spanakópita	Spinatauflauf in Blätterteig
tirópita	Käseauflauf in Blätterteig
fassólia me kréas	Bohnen mit Fleisch gedämpft
moscharáki	Kalbfleisch
chirinó	Schweinefleisch
ssikóti	Leber
glóssa	Zunge
kounéli	Kaninchen
patátes tou foúrnou	gebackene Kartoffeln
vodinó	Rindfleisch
piláfi	gedämpfter Reis
kimá	Hacksoße
makarónia me kimá	Spaghetti (nicht Makkaroni!) mit Hackfleischsoße)

Aus der Pfanne

tiganito	Gebratenes
keftedákia	kleine Frikadellen
patátes tiganités	Pommes frittes
paidákia	Lammkotteletts
i brisóla	das Kottelett
ssikóti tiganitó	gebratene Leber

Dann gibt es noch eine Menge von speziellen Lokalen und Restaurants, von denen ich noch drei besonders herausheben möchte.

Das Grillrestaurant i psistariá ΨΗΣΤΑΡΙΑ

i s/chára	der Bratrost
tis s/cháras	vom Rost
i ssoúvla	der Bratspieß
ssouvláki	Fleisch vom Spieß

Die Fleischarten, die es aus der Pfanne gibt, kann man natürlich auch vom Grill bekommen.

PSISTARIA / KAFE BAR / O JANNIS

Grillrestaurant / Kafé Bar /(der)Jannis

Das Fischrestaurant   i psarotavérna

ΨΑΡΟΤΑΒΕΡΝΑ

to psári	der Fisch
to ochtapódi	der Tintenfisch
mídia	Muscheln
garídes	Garnelen
o astakós	der Hummer
marídes	kleine sardinenartige Fische
o tónnos	der Thunfisch

Übrigens: Hast Du selber einmal irgendwo Fische gefangen, kannst Du sie gegen ein kleines Entgeld ohne weiteres in jedem Lokal braten lassen. Man tut Dir diesen Gefallen gerne.

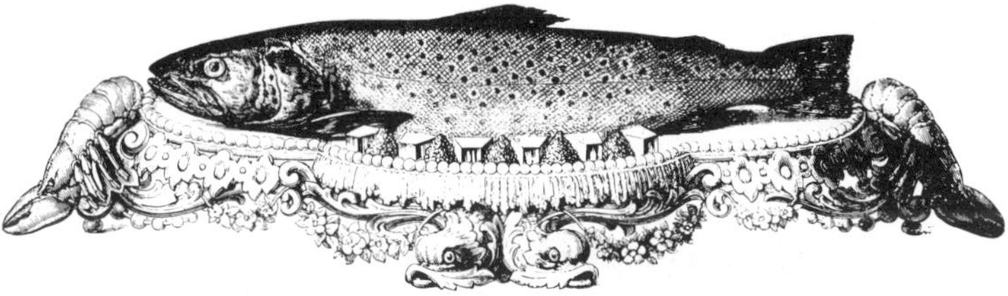

In Griechenland muß nicht jeder für sich eine gesonderte Portion bestellen. Es ist üblich, daß mehrere Leute sich nur eine Portion Salat oder Dzadziki bestellen und dann alle von einem Teller essen. Sie achten darauf, daß sie nur die Stücke mit ihrer Gabel berühren, die sie auch tatsächlich essen wollen und wenn sie zum Beispiel Dzadziki gemeinsam aus einem Teller eesen, so nehmen sie ihn mit einem frischen Stückchen Brot auf, das sie dann ganz in den Mund stecken. Angst, daß einer zu viel bekommen könnte, haben sie nicht.

Die Konditorei

ΣΑΧΑΡΟΠΛΑΣΤΕΙΟΝ

Im **ssacharoplastîon** gibt es,ähnlich wie in unserer Konditorei, herrliche Torten, Kekse und auch das typische griechische (und auch türkische) sehr süße Gebäck. Man kann sich in so ein **ssacharoplastîon** reinsetzen, Kuchen oder auch Eis bestellen, nur eines gibt es da nicht: Kaffee, Tee oder Schokolade. (In Athen gibt es natürlich auch schon Konditoreien westeuropäischen Stils.) Man trinkt zu den Süßigkeiten Wasser, reines Wasser. Und da die meisten dieser Dinge sehr süß sind, paßt ein Schluck Wasser zum Nachspülen eigentlich ganz gut.

to ssáchari	der Zucker
to glikó	der Kuchen, die Süßspeise
to galaktoboúreko	eine Hefetasche gef. mit Creme
o baklavás	sehr süßes Gebäck
to katáifi	sehr süßes Gebäck
i toúrta	die Torte
i revanî	Grieskuchen
i loukoumádes	schmalzgebackene Kugeln mit Honigsirup übergossen.

Der gedeckte Tisch

to trapési	der Tisch
to trapesomań‿tilo	die Tischdecke
i chartopetséta	die Papierserviette
to piáto	der Teller
to vathî piáto	der tiefe Teller
to piatáki	das Tellerchen
to filtsáni	die Tasse
to piroúni	die Gabel
to machéri	das Messer
to koutáli	der Löffel
to potîri	das Glas
to boukáli	die Flasche

Oriste.
Was steht zu Diensten?
Bitte?

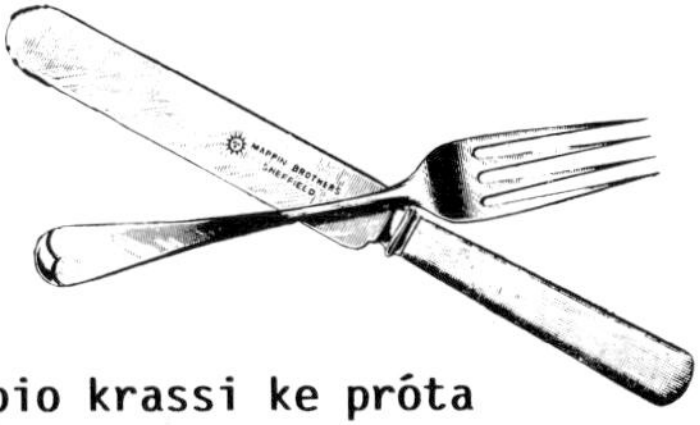

Thélome na parangîlome.
Wir-möchten bestellen.
Wir möchten bestellen.

Théloumo mîa karáffa tópio krassi ke próta
Wir-wollen eine Karaffe einheimischen Wein und zuerst
mîa merîda dzadzîki giá dîo.
eine Portion Dzadziki für zwei.

Boroúme na échoume tin choriatikî ssaláta chorîs ladi; Kalá.
Können-wir haben den Bauern Salat ohne Öl? Danke.

To logariasmó parakaló.
Die Rechnung bitte.

Gewürze

to aláti	das Salz
to pipéri	der Pfeffer
i kanélla	der Zimt
to kápari	die Kaper
o maidanós	die Petersilie
i moustárda	der Senf
to skórdo	der Knoblauch
to kremmîdi	die Zwiebel

einkaufen

Mann kann in griechenland gut und billig als Selbstversorger leben. Selbst in dem kleinsten Krämerladen auf der entlegensten Insel kann man alle notwendigen Lebensmittel bekommen.

Früchte froútta

i domáta	die Tomate	**to rodákino**	der Pfirsich
to angoúri	die Gurke	**to mandaríni**	die Manderine
to achládi	die Birne	**to mílo**	der Apfel
to veríkoko	die Aprikose	**to pepóni**	die Zuckermelone
damáskina	Plaumen	**i banána**	die Banane
to karpoúsi	die Wassermelone	**stafília**	Weintrauben
kerássia	Kirschen	**ssíka**	Feigen
to portokáli	die Orange	**fraúles**	Erdbeeren

andere Lebensmittel

i konsérva	die Konserve
to tirí	der Käse
to kefalótiri	Kopfkäse (Kugelkäse)
to kasséri	ein milder Käse
i misíthra	wie Hüttenkäse
to giaúrti	der Joghurt
to psomí	das Brot
to loukániko	Wurst
to gála	die Milch
i tsokoláta	Schokolade
bonbónia	Bonbons
i margarína	Margarine

Kaliméra, échete ssîmera kalés domátes;
Guten Tag, haben Sie heute gute Tomaten?

Echo, dialégete. **Káti állo;**
Habe ich, suchen Sie aus. Irgendetwas anderes?

Boró na écho éna mikró angoúri;
Kann ich eine kleine Gurke bekommen?

Ta angoúria den îne kalá, ávrio tha écho kallîtera.
Die Gurken sind nicht gut, morgen werde ich haben bessere.

Pôsso kâni to karpoúsi;
Was kostet die Wassermelone?

Ikossi drachmés to kiló.
20 Drachmen das Kilo.

Souvenirs einkaufen

Heutzutage gibt es in Griechenland fast nur noch Festpreise. Wenn Du mehrere Stücke auf einmal kaufst oder wenn die Ware , für die Du Dich interessierst, sehr teuer ist, kannst Du versuchen, den Preis zu drücken, indem Du sagst, daß Dir das Stück zwar sehr gefällt, für Dich aber zu teuer ist.

Pósso káni to dachtilídi;
Was kostet der Ring?

ine assiménio;
Ist er aus Silber?

Pósso káni i alissída;
Was kostet die Kette?

Ine chrissí;
Ist sie aus Gold?

Pósso kánoun ta dío masí;
Was kosten beide zusammen?

Den mou aréssi.
Es gefällt mir nicht.

Boro na ta écho pió ftiná;
Kann ich sie haben billiger?

i apódixi
die Quittung

to skoularíki	der Anhänger, der Ohrring
to vrachióli	das Armband
to rolói	die Armbanduhr, Uhr
asseménios. -i, -o	silbern
to assími, o argirós	das Silber
chrissós, -i, o-	golden
to chrissó	das Gold
i bloúsa	die Bluse
to ergóchiron	die Handarbeit
to ífasma	der Stoff
to kéntima	die Stickarbeit,Strickarbeit
to pléximo	die Strickarbeit
to chalí	der Teppich
i foústa, to foustáni	der Rock
ta papoútsia	die Schuhe
to fórema	das Kleid(ungsstück)

Freizeit

besichtigen

i pólis, to chorió	die Stadt, das Dorf
to limáni, to fanári	der Hafen, der Leuchtturm
o milos, i ekklîssîa	die Mühle, die Kirche
o naós, to moussîo	der Tempel, das Museum
ta archéa, to mnimîon	Altertümer, das Denkmal
to monastîri, o pirgos	das Kloster, der Turm
to kástro, i géfira	das Kastell, die Brücke
i îkóna, to témplon	die Ikone, die Ikonostase
o potamós, i lîmni	der Fluß, der See
to vounó, o dássos	der Berg, der Wald

Betritt man eine orthodoxe Kirche, so sollte man unbedingt darauf achten, daß man so gekleidet ist, daß man die religiösen Gefühle der Gläubigen nicht verletzt. So ist weder Badekleidung angebracht noch allzu luftige Kleidung insgesamt. Shorts- auch bei Männern- und Hösen bei Damen werden nicht gerne gesehen. In der Kirche selbst sollte man auf keinen Fall hinter das **Templos** = die Ikonostase gehen!

Pou îne to archeologikó moussîo;
Wo ist das archäologische Museum?

Póte îne to moussîo anichtó;
Wann ist das Museum geöffnet?

Pîa méra îne i îssodos eléftera;
An welchem Tag ist der Eintritt frei?

Pósso plirónoum i fitités;
Wieviel zahlen die Studenten?

baden

Übers Nacktbaden gehen die Meinungen bekanntlich weit auseinander. Das generelle Nacktbadeverbot ist gerade (im Sommer '83) aufgehoben worden. Trotzdem ist es immer noch, gerade bei der Bevölkerung auf dem Lande, verpönt. Meiner Meinung nach sollte man die Ansichten der Einwohner respektieren, gerade dann, wenn man von ihnen willkommen geheißen werden will. Ein wenig Zurückhaltung und Rücksichtname ist sicherlich angebracht.

to magió	Badeanzug, -hose
to bánjo	das Bad
i pisína	der Swimming Pool
to kolímpi	das Schwimmen
kolimpó, Aor. **kolímpisa**	schwimmen
i ámmos	der Sand
i aktí	die Küste
i paralía	der Stran, das Ufer
i akrojialiá	die Küste, der Strand
ta vráchia	die Felsen
o skópelos	die Klippe
i pétra, Pl. i pétres	der Stein
to chalíki	der Kieselstein
o ílios	die Sonne
i anatolí tou iliou	Sonnenaufgang
to loutró	das Bad
to ilioloútro	das Sonnenbad
to iliovasílema	der Sonnenuntergang
i tsoúchtra	die Qualle
o achinós	der Seeigel
o gláros	die Möwe
i fourtoúna	der Sturm
o aéras	der Wind
megálos aéras	großer Wind

to meltémi	der Meltemi, ein in den Sommermonaten auftretender heftiger Nordostwind
o vorriás, o vorrás	der Nordwind
to káîki	das Boot
i thallássia skî	Wasserski
to psárema	das Fischen
to psári	der Fisch
to angîstri	die Angel

Echi edó kalés paralîes;
Gibt es hier gute Strände?

Then échi tsoúchtres;
Gibt es keine Quallen?

Me ámmo, me pétres i me chalîkia ;
Mit Sand, mit Steinen oder mit Kieseln?

APAGOREWETE O GIMNISMOS
Es-ist-verboten das Nacktsein

wandern

Du kannst in Griechenland große Bergwanderungen machen. Du kannst aber auch zum Beispiel auf den Inseln zu Fuß in entlegenere Regionen vorstoßen, die vom Tourismus noch völlig unberührt sind und wo Du das "eigentliche" Griechenland erleben kannst

me ta pódia	zu Fuß
i korifí	der Gipfel
to monopáti	der Fußweg
o chomatódromos	der Erdweg, staubiger Weg
anachoró, Aor.-issa	aufbrechen

Pou íne to monopáti sto monastíri tou Agíou
Wo ist der Fußpfad zum Kloster des Heiligen

Nikoláou; íne makriá;
Nikolaus? Ist es weit?

Prépi na anachoríssame prói-prói;
Müssen-wir aufbrechen früh-früh?
Müssen wir ganz früh aufbrechen?

Feste feiern

Alle großen Feste werden in Griechenland mit Musik und Tanz begangen. Neben den gesetzlichen Feiertag gibt es eine reihe lokaler kirchlicher Feste, die in den Sprengeln gefeiert werden, deren Kirchen und Kirchlein gerade "Namenstag" haben. Bei derartigen Festen versammeln sich die Menschen oft schon in der Nacht, auf jeden Fall aber frühmorgens in der Kirche, um zusammen mit dem Ortsgeistlichen oder - bei größeren Festen - mit mehreren Geistlichen zusammen die Liturgie zu begehen. An diesen Festen wird geweihtes Brot gereicht, oft bekommen die Besucher auch etwas zu essen. Für die Gläubigen ist so ein **"panigiri"** eine sehr ernstzunehmende und freudige Angelegenheit zugleich. Besucher, die angemessen gekleidet sind und sich dem Anlaß entsprechend betragen, stören den Griechen nicht. Anscheinend hat es in den letzten Jahren aber doch Grund zum Ärger gegeben, denn in manchen, touristisch sehr überlaufenen Regionen werden kirchliche Feiern, die in die Sommermonate fallen, nicht mehr groß gefeiert, sondern in aller Stille durchgeführt.
Nach dem Gottesdienst wird zu den Klängen dörflicher Musikanten entweder direkt auf einem dafür vorgesehenen Platz neben der Kirche getanzt oder aber man geht ins Dorf in ein Lokal, in dem dann ausgiebig gefeiert und ebenfalls getanzt wird. Es gibt in Griechenland eine große Anzahl von Tänzen, die regional auch sehr unterschiedlich sind. Ich kann mich an dieser Stelle nicht groß darüber auslassen. Interessierst Du Dich aber besonders für griechische Musik und griechische Tänze, so kannst Du mich gerne einmal anrufen (o4o-6o13881). Es gibt nämlich in Hamburg den deutsch-griechischen Tanzkreis SYRTOS, in dem ich seit langem mitarbei-

te und wir beschäftigen uns sehr intensiv mit allem, was mit diesem Thema zusammenhängt.
Fordern Dich Griechen anläßlich eines dörflichen Festes auf, mitzutanzen, dann versuche es ruhig einmal. Mach Dich aber nicht lustig darüber, was und wie getanzt wird. Ich habe einmal eine Reisegruppe erlebt, deren Mitglieder aus Jux herumhüpften wie die Trampeltiere! Es war fürchterlich!
Die meisten griechischen Tänze sind Reigentänze. Als Außenstehender solltest Du nicht unaufgefordert in den Reigen "eindringen", da oft innerhalb der Familie oder der **paréa** getanzt wird, und Du so vielleicht in eine Gruppe hineingerätst, die lieber unter sich bleiben möchte.
In Lokalen die hauptsächlich von Fremden besucht werden, ist die Situation natürlich eine andere.

Die wichtigsten Tänze

o **kalamatianós** ein in ganz Griechenland bekannter Reigentanz.
o **ssirtós** Reigentanz, der ebenfalls überall gegetanzt wird, mit Vorliebe aber auf den Inseln.
o **bállos** Inseltanz
o **chassapossérvikos** sehr schneller Tanz, bei dem man sich nicht an den Händen faßt, sondern die Hände auf die Schultern des Nachbartänzers legt
o **chassápikos** sogenannter Schlachtertanz, dem **ssirtaki** ähnlicher städtischer Tanz.
to ssirtaki der im Ausland bekannteste griechische Tanz.

o chorós	der Tanz
chorévo Aor. chórepsa	ich tanze
to panigíri	das Fest
i moussikí	die Musik
i litourgía	der Gottesdienst

ins Kino und Theater gehen

Besonders in den Sommermonaten gibt es eine ganze Reihe Schauspiel-,Tanz-, und Musikveranstaltungen zum Teil auf herrlichen Freilichtbühnen. Das griechische Fremdenverkehrsbüro verschickt Programmübersichten. Es gibt auch Freilicht-Kinos, die ihren ganz besonderen Reiz haben. Ausländische Filme laufen meist unsynchronisiert mit griechischen Untertiteln.

ti pési apópse;
Was läuft heute Abend?

ti óra archîsti to film;
Wann fängt der Film an?

to thîatro	das Theater
archîso, Aor. árchissa	anfangen
o kinematográfos	das Kino
o ssinemá	"
to film	der Film
o, i ithopiós	der (die)Schauspieler,in
i skinî	die Bühne
péso, Aor. épexa	spielen
to prógramma	das Programm

Fotografieren

i fotografîa	die Fotografie
to film	der Film
to mávro áspro film	der Schwarzweißfilm
to chromatistó (film)	der Farbfilm
to chróma	die Farbe
i fotografikî michanî	der Fotoapparat
i kinimatografikí michaní	der Filmapparat
i emfánissi	die Entwicklung
to arnitikó	das Negativ
gialisterós, -i, -o	glänzend
mat	matt
i ektîpossis	der Abzug
to fîltro	das Filter
to diáfragma	die Blende
to slaîts	das Diapositiv
i pósa	die Pose, die Aufnahme
litourgó	funktionieren,arbeiten
epidiorthóno Aor.osa	reparieren
chalasménos, -i,-o	kaputt, verdorben
emfanîso Aor.-issa	entwickeln
étimos,-i,-o	fertig

Emfanîsete film;
Entwickeln Sie Filme?

Póte tha îne étimo;
Wann wird er fertig sein?

Thélo éna chromatistó film me îkossi (triánta éxi) póses.
Ich möchte einen Farbfilm mit 20 (36) Aufnahmen.

I michanî mou then litourgî, káti îne chalasméno.
Das Gerät mein nicht funktioniert, etwas kaputt.

Thélo mîa fotografîa diavatirîou.
Ich möchte ein Foto des Passes (Paßfoto).

Borîte na tin epidiorthónete;
Können Sie sie reparieren?

îne akribó;
Ist es teuer?

krank sein...

o iatrós	der Arzt
to nossokomío	das Krankenhaus
o nossokómos	der Sanitäter
to distichíma	der Unfall
i voíthia	die Hilfe
i arróstia	die Krankheit
árrostos, -i,-o	krank
allergikós,-í,-ó	allergisch
o piretós	das Fieber
o pónos	der Schmerz
o ponólemos	der Halzschmerz
o kefalóponos	der Kopfschmerz
to trávma	die Wunde (Trauma)
travmatisménos,-i,-o	verwundet
spasménos,-i-o	gebrochen
me ponái	mich schmerzt
i píessi	der Blutdruck
to ssiríngi	die Spritze
to éma	das Blut
to dónti	der Zahn
o odontóiatros	der Zahnarzt
to farmakío	die Apotheke
to fármako	die Medizin
to chápi, ta chápia	die "Pille", die Tabletten
i retséta	das Rezept
i penikelíni	Penicillin

Vóíthia. Íchame éna distíchima me tin
Hilfe! Wir hatten einen Unfall mit dem

motossikléta. O fílos mou íne travmatisménos.
Motorrad. Mein Freund ist verletzt.

Thélo éna iatró.
ich will einen Arzt.

Echo póno sto kefáli (sto pódi, sto chéri).
Ich habe Schmerzen am Kopf (am Fuß, am Arm)

Boró na écho mîa apódixi giá tin asfálissi;
Kann ich haben eine Quittung für die Versicherung?

Prépi na méno sto kreváti;
Muß ich im Bett bleiben?

Körperteile

to chéri	der Arm	**ta pnevmónia**	die Lungen
i pláti	der Rücken	**i kárdiá**	das Herz
to kókalo	der Knochen	**ta nevra**	die Nerven
to stîthos	die Brust	**ta plevrá**	die Rippen
to avtî	das Ohr	**to stomáchi**	der Magen
to mátî	das Auge	**to pódi**	der Fuß
i trîcha	das Haar	**to kefáli**	der Kopf
ta mallîa	Haare	**to próssopo**	das Gesicht
to stóma	der Mund	**to métopo**	die Stirn
i glóssa	die Zunge		

Prépi na páo sto nossokomîo;
Muß ich gehen ins Krankenhaus?

Íme allergikós stin penikelîni.
Ich bin allergisch gegen Penicillin.

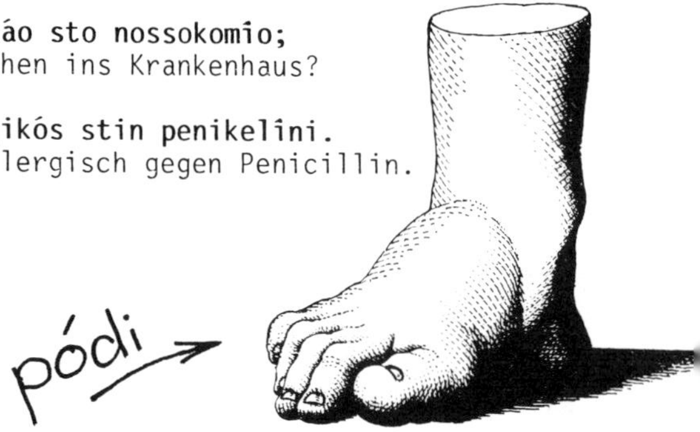

Auf dem Amt

Zoll und Polizei

to diabatírio	der Paß, Reisepaß
i taftótita	der Ausweis,Personalausweis
ta chartiá	die Papiere
o élengchos	die Kontrolle
to telonío	der Zoll
i astinómia	die Polizei
o astinómos	der Polizeikomissar
cháo, Aor échassa	verlieren
klévo	stehlen
o kléftis	der Dieb
i presvía	die Botschaft
Germanikí Omospondiakí Dimokratía	Bundesrepublik Deutschland

Pou íne i astinomía;
Wo ist die Polizei?

Echassa ta chrímata mou ke ta chartiá.
Ich habe mein Geld verloren, und die Papiere.

Ti na káno;
Was soll ich machen?

Prépi na páo stin présvia tis
Ich muß gehen zur Botschaft der
Germanikís Omospondiakís Dimokratías
BRD

ΑΣΤΥΝΟΜΙΑ =POLIZEI

ΤΕΛΩΝΕΙΟΝ =ZOLL

Post und Telegrafenamt

ΓΡΑΜΜΑΤΟΚΙΒΩΤΙΟΝ
=BRIEFKASTEN

Auf dem Postamt kannst Du in Griechenland weder telefonieren noch telegrafieren. Dafür ist die O.T.E. zuständig. Um ein Auslandsgespräch zu führen, mußt Du aber nicht unbedingt zum O.T.E. Büro, Du kannst auch im Selbstwähldienst von einer Telefonzelle aus, aus einem Lokal, das ein Telefon mit Zähler hat oder auch aus einem Kiosk anrufen.

to grámma	der Brief
to grammatóssimo	die Briefmarke
i kárta	die Karte
aeroporikós	Luftpost
ssistiménos,-i,-o	eingeschrieben
i tachdromikî epitagî	die Postanweisung

Pósso kostîssi éna grámma giá tin Germanîa;
Wieviel kostet ein Brief nach Deutschland?

Periméno éna grámma poste restante apó tin
Ich erwarte einen Brief poste restante aus

Germanîa. Deutschland. **Then ipárchi;** Gibt es nicht? **Prépi na îne.** Es muß sein.

TACHIDROMION

to onomá mou îne... édo îne to diavatîrio mou.
Mein Name ist ... da ist mein Paß

to tilegráfima	das Telegramm
to tiléfono Aor.-issa	das Telefon
o arithmós	die Zahl,die Telefonnummer
tilefonó, Aor.tilefónissa	telefonieren
kaló Aor. kálessa	anrufen, rufen
miló Aor. mîlissa	sprechen
to exoterikó	das Ausland
to essoterikó	das Inland
topikós,-i,-o	lokal, örtlich
i grammî	die Leitung

Thélo na tilefonîsso stin Germanîa.
Ich möchte telefonieren mit Deutschland.

Then boró na páro ton arithmó.
Ich kann die Nummer nicht bekommen.

To teléfono then litourgî kalá.
Das Telefon funktioniert nicht gut.

I grammî then îne en táxi.
Die Leitung ist nicht in Ordnung.

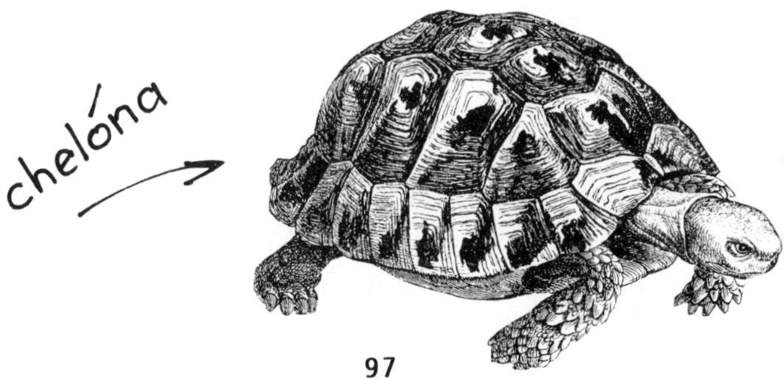

Körpersprache

●Der Umgang der Griechen untereinander ist viel weniger verkrampft und von Skrupeln behaftet, als der unter uns Deutschen. Man zeigt seine Gefühle offen und schämt sich ihrer nicht.Oft sieht man wie sich Freundinnen spontan um den Hals fallen und Küsse tauschen oder wie junge Burschen händchenhaltend spazieren gehen; man sollte daraus keine falschen Schlüsse ziehen. Schon als kleine Kinder lernen Griechen zu allen Menschen zärtlich und liebevoll zu sein, man kennt daher keine Angst vor der körperlichen Berührung.

●Mit einer Ausnahme!Zwischen den Geschlechtern herrscht ab einem bestimmten Alter ein Tabu, daß auf keinen Fall gebrochen werden darf. Selbst befreundete oder verlobte Paare verhalten sich in der Öffentlichkeit zueinander eher kühl und distanziert.

●Ausländische Liebespaare, die ohne Rücksicht auf unfreiwillige Zuschauer Zärtlichkeiten austauschen, stoßen daher auf Unverständnis und Ablehnung. Als besonders rücksichtslos wird das empfunden, wenn Kinder in der Nähe sind.

●Griechische Eltern sind zwar unheimlich stolz auf ihre Kinder, mögen es aber nicht immer, wenn man ihnen gegenüber zu wohlwollend ist. Das Kind könnte behext werden oder aber den Neid der Götter auf sich ziehen.

●Hexerei ist auch im Spiel, wenn man jemandem die Handfläche mit gespreizten Fingern entgegenhält. Es ist das Zeichen einer bösen Verwünschung. Paß also auf, wenn du jemandem durch Handzeichen die Zahl "fünf" verständlich machen willst. Schreib sie lieber in den Sand.

●Wenn ein Grieche seinen Kopf nach hinten legt, will er damit eine Verneinung unterstreichen. Diese Kopfbewegung wird oft als Kopfschüttel mißdeutet.Wer genau hinsieht wird merken, daß er den Kopf nicht schüttelt, sondern nur einmal nach hinten wirft. Dabei schnalzt er gelegentlich noch und hebt die rechte Hand ein wenig abwehrend.

● Zuckt jemand schräg mit dem Kopf zur Seite und schnalzt ebenfalls, bedeutet dies nicht "nein", sondern "komm!". Zwinkert er zugleich mit einem Auge, dann will er dir etwas Besonderes zeigen, zwinkert er ohne Kopfbewegung, macht er sich über jemanden lustig.

● Etwas ganz auffälliges zum Schluß: Griechen bekreuzigen sich sehr oft. Fährst du z.B.im Bus, wirst du beobachten können, daß vor allem Frauen immer wieder das Kreuz schlagen, und zwar drei Mal Sie tun das, weil eine Kirche, eine Kapelle oder ein anderer geweihter Ort in der Nähe ist. Man bekreuzigt sich auch vor Antritt einer Reise, vor Beginn einer schwierigen Aufgabe oder wenn man sich erschrocken hat. Manchem mag das "komisch" vorkommen, ich halte es für eine schöne Sitte.

Bücherliste

Für diejenigen, die das neugriechische Alphabet nicht beherrschen,gibt es meines Wissens nur ein einziges Buch, das in Frage kommt. Ich selbst habe es noch nicht in Händen gehabt, man hat mir aber versichert, daß es sehr gut ist. Es ist in Griechenland erschienen:

Sofort Griechisch, Papas, kostet etwa 200 Drachmen

Möchtest Du ernsthaft weiterlernen, so kann ich Dir folgende Bücher nennen:

SPRACHLEHREN

Neugriechisch, ein Grundkurs für Erwachsene von Diamantopoulou / Habermaier. Verlag: Max Huber (Es gibt auch Kassetten zum Buch)

Neugriechisch von Dr. Heinz F. Wendt. Verlag: Langenscheidt, 1982

Neugriechisch von Hans und Niki Eideneier. Verlag: Bastai Lübbe, 2.Aufl.1983. (sehr zu empfehlendes Taschenbuch)

WÖRTERBUCH

Neugriechisch, Langenscheidts Taschenwörterbuch.

Κόκα-Κόλα

COKA-COLA

Vokabeln

Mehr als 1000 Vokabeln habe ich hier für dich zusammengetragen. Vielleicht bist du der Meinung das eine oder andere Wort sei überflüssig, aber du mußt auch bedenken, daß Du - solange du das griechische Alphabet nicht beherrscht - kein anderes Wörterbuch lesen kannst.

● Um dir das Auffinden der Wörter zu erleichtern, habe ich auch den griechisch-deutschen Vokabelteil nach **unserem** Alphabet geordnet. So findest du z.B. Wörter, die in der Umschrift mit **ss** beginnen zwischen **sr** und **st**.

● Zusätzlich findest du im Vokabular folgende Hinweise:

● Das Geschlecht der Hauptwörter wird, durch Komma abgetrennt, wie folgt angegeben: **m**=männlich, **w**=weiblich, **s**=sächlich. Wörter im Plural werden zusätzlich durch **pl** gekennzeichnet.

● Eigenschaftswörter sind in der 1.Person, männlich verzeichnet. Die Endungen für die weibliche und sächliche Form wurden mit einem Bindestrich angehängt, z.B.:**-i-o**. Ich habe auch die Endungen der unregelmäßigen Eigenschaftswörter angegeben, obwohl ich darauf im Text des Buches nicht eingegangen bin (z.B. **-ia-i**); improvisiere einfach.

● Wörter, bei denen ein Buchstabe in Klammern angegeben ist, z.B. **agap(a)o**, können sowohl in der einen (**agapo**), wie in der anderen (**agapa**) Form gebraucht werden. Das ist wichtig, wenn du die Leute verstehen willst.

ΡΟΦΗΜΑΤΑ	BEVERAGES
Καφὲς ἐσπρέσσο	Espresso coffee
Καπουτσίνο	Capputsino
Τούρκικο	Turkish coffee
Νέσκαφέ	Nescafe

GE
Espr
Cap
Tur
Ne

deutsch - griechisch

A

Abend	vrádi,s
abends	to vrádi
aber	allá,ómos
Abfahrt	anachórissis,w
abgelegen	apókentros
abreisen,gehen	févgo
abwerten(Geld)	ipotim(á)ó
adieu	antío
Adresse	di/éfthinssi,w
Agentur	praktorío,s
ähnlich	ómios
alle,ganz	ólos-i-o
Allee	leofóros,w
allein	mónos-i-o
allgemein	geniká
allgemeiner	genikós-i-o
also	lipón
alt	paliós-iá-ió
altern	gern(á)ó
Altertümer	archéa,s,pl
Ampel	fanári,s
amüsieren,sich	glent(á)ó
an	sse
anbieten	prosféro
anderer	állos-i-o
ändern	alláso
Anfang	archí,w
anfangen	archíso
anfassen	piáno
Angel	angístri,s
ankommen	ftáno
Anfunft	áfixis,w
anrufen	kaló
antik	archéos-ea-eo
Antwort	apántissi,w
antworten	apantó
anziehen(Kleid.)	foró,váso
Anzug	fórema,s
Apfel	mílo,s
Apotheke	farmakío,s
Apparat	michaní,w
Appetit	órexi,w
Aprikose	veríkoko,s
Arbeit	érgo,s;doulía,w ergassía,w
arbeiten	ergáso,doulévo
Arbeiter	ergátis,m
Archäologie	archeología,w
arm(Mitleid)	kaiménos-i-o
arm	ftochós-i-o
Armband	vrachióli,s
Aroma	ároma,s
Art,Weise	ídos,s;trópos,s
Artischocken	angenáres,w,pl
Arzt	iatrós,m
-praxis	iatrío,s
atmen	anapnéo
Auberginen	melitsánes
auch	ke
auf	sse;iss
aufbrechen	anachoró;xekinó
aufhören	stamató
Aufnahme(Foto)	pósa,w
aufpassen	proséchо
aufwachen	xipn(á)ó
Auge	máti,s
Augenblick	stigmí,w
aus(von)	apó
ausbreiten	aplóno
Ausflug	ekdromí,w
Ausgaben	éxoda,s
Ausgang	éxodos,w
Auskunft	pliroforía,w
Ausland	exoterikó,s
aussehen	fénome
außen;auswendig	apéxo
außer	ektós apó;pará
außerhalb	éxo apó
Auto	aftokínito,s
Autobus	leoforío,s
Autolampen	fanária,s
Automat	aftómato,s
Autoreifen	lásticho,s

B

Baby	moró,s
Bäcker	psomás,m foúrnaris,m
backen	psíno
Bad	loutró,s;bágno,s
Badeanzug	magió,s
baden	káno bánjo
Balkon	balkóni,s
Ball(Tanz)	chorós,m
Bank	trápesa,m
Barbe	barboúni,s

Batterie	vataría,s
bauen	ktîso
Bauer	choriátis,m
Baum	déndro,s
Beamter	ipállilos,m
beenden	telióno
befreien	eleftheróno
begießen;tränken	potîso
Behandlung	therapîa,w
beige	bes
bekommen	lavéno
bekannt	gnostós-i-o
Benzin	vensîni,s
Berg	vounó,s
berühren	angîso
beschließen	apofassîso
besetzt	piasménos-i-o
besonders	idîos
besser;lieber	kalîtera
Bestellung	parangelîa,w
bestellen	parangéllo
Bett	kreváti,s
Bettzeug	ssentónia,s,pl
bezahlen	pliróno
Biene	melissa,w
Bier	bîra,w
Bild	ikóna,w
billig	ftinós-i-o
binden	déno
Birne	achládi,w
bis	méchri;oss
Bischof	despótis,m
(ja)bitte	orîste
bitten	parakaló
blasen;wehen	fiss(á)ó
Blatt	fîllo,s
blau	ble
bleiben;wohnen	méno
Bleistift	molîvi,s
Blende(Foto)	diáfragma,s
Blitz	astrapî,w
blond	xanthós-ia-o
Blume	louloúdi,s
Bluse	bloúsa,w
Blutdruck	pîessi,w
bluten	ematóno
Bohnen	fassólia,s,pl
Bonbon	karaméla,w
	bonbóni,s
Boot	ka/îki,s;várka,w

brauchen	chriásome
braun	kafé
Bräutigam	gambrós,m
brechen;zer-	spáso
breit	platîs-ia-i
Bremse	fréno,s
brennen	kéo
Brief,Buchstabe	grámma,s
Briefkasten	-tokivótio,s
Briefmarken	-tósima,s
bringen	férno
Brot	psomî,s;ártos,s
Brücke	géfira,w
Bruder	adelfós,m
Brust	stithós,s
Buch	vivlîo,s
buchen	reserváro
Eisen;Bügel-	ssîdero,s
bügeln	ssideróno
Bühne	skinî,w
BRD	Germanikî Omos-pondiaki Dimokratîa
Bürger	polîtis,m
Büro	grafîo,s
Bursche	palikári,s
Bürste	vourtsa,w

C

Chef	afêntis,m
Christ	christianós,m
Christus	Christós,m

D

damals	tóte
Dame;Frau	kirîa,w
Damenfriseur	kommotîs,m
dann;danach	îstera;metá
danken	efcharistó
daß	óti
dauernd	diarkós
es dauert	diarkî
Decke	kouvérta,w
denken	nomîso
Denkmal	mnimîo,s
denn	giatî
der;die;das	aftós;aftî;aftó
destill.Wasser	apestagméno neró
deutsch	germanikós-i-o
Deutscher	Germanós,m
Deutschland	Germanîa,w
Diapositiv	slaits,s
dick;fett	pachís-iá-í

Dieb	kléftis,m
Diesel	petrólio,s
Direktor	di/efthintîs,m
Donnerstag	Pémpti,w
Dorf	chorió,s
dort	ekî
Drachme	Drachmî,w
Drama	dráma,s
drinnen	méssa
Drucksache	éntipo,s
du	essî
dumm	kontós;morós
dunkel	skotinós-i-o
Dunkelheit	skotádi,s
durchsichtig	diafanîs-iá-í
Durst haben	dipsó
Dusche	douss,s

E

Ebene	kámpos,m
ebenfalls	epîssis
Ehe	gámos,m
Ehepaar	andrógino,s
Ei	avgó,s
einfach	aplós-i-o
einige	merikí
einladen,anrufen	kaló
einsam	érimos-i-o
einschiffen	barkáro
Einschiffung	barkárisma,s
einst	kápote
eintreten	béno
Eintrittskarte	issitîrio,s
einverstanden	ssímfonos-i-o
Eis;Speise-	pagotó,s
Eisen	ssîdero,s
Eisenbahn	ssideródromos,m
Eltern	gonîs,w,pl
Ende	télos,s
endlich	teliká
eng;schmal	stenós-i-o
Enkelkind	engóni,s
entblößen	gimnóno
Entblößung	gimnismós,m
entfernen	apomakrîno
entschuldigen	ssinchoró
entweder oder	i - i
entwickeln(Film)	emfanîso
Epoche	epochî,w
Erdbeben	ssismós,m
Erdbeeren	fraúles,w,pl
Erde;-ball	gi,w
Erde;Staub	chóma,s
Erfrischung	anapsitikó,s
erhitzen	sesténo
erinnern,sich	thimîso
erkälten,sich	krióno
erlauben	epitrépo
Erlaubnis	ádia,w
ernst	ssovarós-i-o
erster	prótos-i-o
Erwachsener	megálos,m
Esel	gaidoúri,s
essen	tró(g)o
Essen	fagitó,s
Essig	xîdi,s
etwas	káti
europäisch	efropaikós-i-o
existieren	ipárcho
extra	choristá

F

Fabrik	ergostássio,s
fahren;gehen	pigéno
Fahrer;Führer	odigós,m
Fahrkarte	issitîrio,s
Fahrplan	dromológio,s
Fahrrad	podîlato,s
Fähre	férri-bot,s
Fahrt	diadromî,w
fallen	péfto
Familie	ikogénia,w
Farbe	chróma,s
farbig	chromatikós-i-o
Farbfilm	chromatistó,s
fehlen	lîpo
Fehler	láthos,s
Feier	giortî,w
feiern	giortáso
Feige	ssîko,s
fein;dünn	leptós-i-o
Felsen	vráchos,s
Fenster	paráthiro,s
Ferien	diakopés,w,pl
fertig	étimos-i-o
Feuer	fotiá,w
Fieber	piretós,m
Film	film,s
Filmapparat	kinematografikî michanî
filmen	girîso film
Filter	fîltro,s
finden	vrîsko
Finger	dáktilo,s
Fisch	psári,s
fischen	psarévo

Fischer	psarás,m
Flasche	boukáli,s
Fleisch	kréas,s
Fliege	míga,w
Flugplatz	aerodrómio,s
Flugzeug	aeróplano,s
Fluß	potámi,s
folgen	akolouthó
folgender	epómenos-i-o
Fotoapparat	fotografikí michaní
Fotograf	fotográfos,m
Fotografie	fotografía,w
fotografieren	fotografíso
fragen	rot(á)ó
Frankreich	Gallía,w
Franzose	Gállos,m
französisch	gallikós-i-o
Frau	ginéka,w;kiría,w
Fräulein	despinída,w
frei	eléftheros-i-o
Freiheit	elefthería,w
-kämpfer	kléftis,m
Fremder;Gast	xénos,m
Freude	chará,w
freuen,sich	chérome
Freund	fílos,m
freundlich	evgenikós-i-o
frieren	krióno
frisch	fréskos-i-o
Friseur	kouréas,m
Friseurladen	kourío,s
Frucht	froúto,s
früh	norís
früh morgens	to pro/í
früher	prin;próto
Frühling	ánixi,w
Frühstück	proinó,s
Fuchs	alépou,w
führen,lenken	odigó
füllen	gemíso
funktionieren	litourgó
für	giá
Frucht	fóvos,m
fürchten,sich	fovoúme
Fuß	pódi,s
Fußball	podósfera,w
--tor	gol,s
-sport	podósfero,s
Fußboden	pátoma,s
Fußbremse	podófreno,s

G

Gabel	piroúni,s
ganz;all	ólos-i-o
Garnelen	garides,w,pl
Garten	kípos,m
Gas	gási,s
Gatte; Gattin	ssísigos,w+m
Gast; Fremder	xénos,m
gastfreundlich	filóxenos-o-i
gebären	gennó
geben	díno
gebraten	tiganitós-i-o
Geburt	génissis,w
Geburtstag	genéthlia,s,pl
Gefahr	kíndinos,m
gefallen	aréso
Gefängnis	filakí,w
Gegend	tópos,m
gegenüber	apénanti sse/apó
geheim	krifós-i-o
gehen	páo;pigéno
Gehirn,Verstand	mialó,s
gekocht	vrastós-i-o
gelb	kítrinos-i-o
Geld	chrímata,s,pl
Gemüse	láchano,s;chórto,s
genau	akrivós
genügend	arketós-i-o
Gepäckwagen	karótsa,w
Gepäckraum	port bagás,s
gerade	íssios
Geschäft	katástima,s magasí,s
geschlossen	klistós-i-o
Geschenk	dóro,s
Geschmack	gévsi,w;goústo,s
Geschwister	adélfia,s,pl
gerecht	díkeos-a-o
Gesellschaft	paréa,w
Gesicht	próssopo,s
Gespräch	kouvénta,w diálogos,m
Gestalt	morfí,w
gesund	igiís-a-o gerós-i-o
Gesundheit	igía,w
Gewicht	város,s
Gewinn	kérdos,s
Gift	fármako

Gipfel	korifí,w
glänzen	gialíso
glänzend	gialisterós-i-o
	lamprós-i-o
Glas(Trink-)	potíri,s
glauben	pistévo;nomíso
gleich;ähnlich	ómios-ia-io
Glück	tíchi,w
glüchlicherweise	eftichós
Gold	chrissó
golden	chrissós-i-o
Gott	Theós,m
Grad	vathmós,s
Greis	géros,m
Greisin	griá,w
Grenze	ssínora,w
Grieche	Éllinas,m
Griechenland	Ellás,w;Elláda,w
Griechin	Ellinída,w
griechisch	ellinikós-i-o
groß	megálos
Großmutter	giagiá,w
Großvater	pappoús,m
grün	prássinos-i-o
Grund;Wort	lógos,m
Grüße	cheretísmata,s,pl
grüßen	cheretó
Gurke	angoúri,s

H

Haare	malliá,s,pl
haben	écho
Hafen	limáni,s
halb	missós-i-o
Hals	lemós,m
halten	krat(á)ó
Haltestelle	stássi,w
Hand	chéri,s
-arbeit	ergóchiro,s
-tuch	petséta,w
hart	sklirós-i-o
Hase	lagós,m
Haut	dérma,s
Haus	spíti,s
hauptsächlich	kiríos
Hausfrau	nikokirá,w
Hausherr	nikokírios,m
heilen	giatrévo
heilig	ágios-ía-io
Heimat	patrída,w
Heimweh	nostalgía,w
- haben	nostalgó
Held	íroas,m
helfen	voithó
hell	fotinós
herausnehmen	vgáso
Herbst	ftinóporo,s
Herd	tsáki,s
Herr	kírios,m
Herz	kardiá,w
heruntergehen	katevéno
heute	ssímera
heute Abend	apópse
hier	edó
Hilfe	vóithia,w
Himmel	ouranós,m
hinauf	pros ta páno
hinten	písso
Hitze;Wärme	sésti,w
hoch	psilós-i-o
Hochzeit	gámos,m
hoffen	elpíso
Hoffnung	elpída,w
Höhe	ípsos,s
Holz	xílo,s
Honig	méli,s
hören	akoúo
Hose	pantelóni,s
Hotel	xenodochío,s
Hügel	lófos,m
Huhn	kótta,w
Hühnchen	kotópoulo,s
Hummer	ástakos,m
Hund	skíllos,m
hungern	pin(á)ó
Husten	víchas,m
Hut	kapéllo,s

I

ich	egó
Idee	idéa,w
Imbiß	mesés,m
immer	pánta
in	sse
Innenhof;Hof	avlí,w
innerhalb	entós;méssa
Inland	essoterikó,s
Insel	nissí,w
interessieren	endiaféro
inzwischen	en to metaxí
irgendwo	kápou
Italien	Italía,w

J

ja	ne

Jacke	ssakéta,w
Jahr	chrónos,m;étos,s
dieses -	fétos
voriges -	périssi
Jahreszeit	epochí,w
jawohl	málista
jeder	káthe
jetzt	tóra
Joghurt	giaoúrti,s
Junge	agóri,s

K

Kabine	kabîna,w
Kaffee	kafés,m
- ,griech.	kafedáki,s
-haus	kafenîo,s
Kalb	mos/chári,s
kalken	asprîso
kalt	krîos-ia-io
Kamille	chamomîli,s
kämpfen	polem(á)ó
Kaninchen	kounéli,s
Kap	akrî,w
Kapitän	kapetánios,m
Karaffe	karáfa,w
Karte	kárta,w
Kartoffel	patáta,w
Käse	tirî,s
Kasse	tamîo,s
Kassierer	tamîas,m
Kauf	agorá,w
kaufen	agoráso
kaum	mólis
kennen	gnorîso
Kellner	garssóni,s
Kerze	kerî,s
Kiefer	péfko,s
Kilometer	Chiliómetro,s
Kind	pedî,s
Kino	kinematográfos,m ssinemá,s
Kiosk	perîptero,s
Kirche	ekklissîa,w
Kissen	maxilári,s
Kleid	fórema,s
Kleider	roúcha,s,pl
klein	mikrós-i-o
Kleingeld	psilá,s,pl
Klippe	skópelos,m
Kloster	monastîri,s
Knoblauch	skórdo,s
Knochen	kókkalo,s
Koch	mágiras,m
kochen	magirévo
Koffer	valîtsa,w
Kohl	láchano,s
kommen	érchome
können	boró
Kontrolle	élengchos,m
kontrollieren	elengchó
Kontrolleur	elengtîs,m
Kopf	kefáli,s
-schmerzen	ponokéfalos,m
Körper	ssóma,s
kosten	kostîso
Kostüm	kostoúmi,s
Kotelett	brisóla,w
Kraft	dínami,w
Krämer	bakális,m
-laden	bakáliko,s
krank	árrostos-i-o
Krankenhaus	nossokomîo,s
Krankheit	arróstia,w
Kreis	kîklos,m
Krem	kréma,w
Krieg	pólemos,m
Küche	kousîna,w
Kuchen	glikó,s
Kugelschreiber	stiló,s
Kühle	drossiá,w
kühlen	drossîso
Kühlschrank	psigîo,s
Kummer	kaimós,m
Kunst	téchni,w
Künstler	kalitechnîs,m
kurz	kontós-i-o
küssen	fil(á)ó

L

lachen	gel(á)o
Laden;Geschäft	magasî,s
Laken	ssentónia,s,pl
Lammfleisch	arnî;arnáki,s
Lampe	lámpa,w
Land,Gegend	tópos,m;chorá,w
Landpolizist	chorofîlax,m
Landsmann	patriótis,m
Landstreicher	alîtis,m
lang	makrîs-ia-i
Länge	mákros,s
langsam(Adv.)	ssigá
lassen	afîno
laufen	trécho
Laune	kéfi,w

laut	dinatós-i-o
leben	so
Leben	sóî,w
lebendig	sontanós-i-o
Leber	ssikóti,s
Lebewesen	sóó,s
Leder	dérma,s
ledern	dermatinós-i-o
lernen;lehren	mathéno
Lehrer	dáskalos,m
Lehrerin	daskála,w
leicht	elafrós-i-o
leiden	ipoféro
leider(Adv.)	distichós
leise! Ruhe!	ssigá!
Leitung;Linie	grammî,w
lenken	odigó
lesen	diaváso
letzterer	teleftéos-éa-éo
leuchten	lámpo;féngo
Leuchtturm	fanári,s
Leute	kósmos,m,pl
lieb	agapitós-i-o
Liebe	agápi,w;éros,m
lieben	agap(á)ó
lieber	kalîtera
Licht	fos,s
Lied	tragoúdi,s
lila	mov
links	aristerós-i-o
Liter	lîtro,s
Loch	trîpa,w
Löffel	koutáli,s
logisch	logikós-i-o
lokal (örtlich)	topikós
lösen	lîno
Lösung	lîssi,w
Löwe	liontári,s
Luft;Wind	aéras,m;ánemos,m
-post	aeroporikós-i-o
Lügen,Unsinn	psémata,s,pl

M

machen	káno
Mädchen	korîtsi,s; kopélla,w
Magen	stomáchi,s
mager	adînatos-i-o
Mal	forá,w
einmal	mîa forá
manchmal	kamiá forá
Mann	ándras,m
Mannschaft	omás,w
Mantel	paltó,s
Markt	agorá,w
Marmor	mármaro,s
Maschine	michanî,w
Maß	métro,s
Matratze	stróma,s
matt(Film)	mat
Mautstelle	diódion,s
Medikament	fármako,s
Meer	pelagós,s
-busen	kólpos,m
mehr	pió
Meinung	gnómi,w
Meister	mástoras,m
Mensch	ánthropos,m
menschlich	anthropinós-i-o
messen	metr(á)ó
Messer	machéri,s
mieten ;ver-	nikiáso
Milch	gála,s
Mineralwasser	metallikó neró
Minute	leptó,s
mit	me; masî me
Mittag	messiméri,s
mittags	to messiméri
Mitte	méssi
Mitternacht	messánichta,s,pl
Möbel	épipla,s,pl
möbliert	epiploménos-i-o
modern	modérnos
möglich(Adv.)	dinatón
Monat	mînas,m
Mönch	kalógeros,m
Mond	fengári,s
Montag	Deftéra,s
morgen	ávrio
morgens	prôî
Motorrad	motossikléta,w
Möwe	gláros,m
Mücke	kounoúpi,s
Mund	stóma,s
Münze	kérma,s
Muscheln	mîdia,s,pl
Museum	moussîo,s
Musik	moussikî,w
Musiker	moussikós,m
Mut	kourágio,s
Mutter	mitéra,w;mána,w
Muttergottes	Panagîa,w

N

nachdem	afoú
nach;danach	metá
nachmittags	to apógevma
nachmittäglich	apogevmatinós-i-o
Nacht	níchta,s
nachts	ti níchta
Nachtbus	nikterinó leoforío
Nachtigall	aidóni,s
nächtlich	nikterinós-i-o
nahe;neben	kontá
Nähnadel	velóna,w
Name	ónoma,s
nämlich	diladí
Nase	míti,w
Natur	físsi,w
natürlich	fissikós-i-o
natürlich(Adv)	fissiká
neben	kontá
nebenan	dípla
Nebenstrasse	párodos,w
Neffe	anepsiós,m
Negativ	arnitikó,s
nehmen	pérno
nein	óchi
nennen	onomáso
Nerv	névro,s
neu	kenoúrios-ia-io
nicht	den
nicht!	min
Nichte	anepsiá,w
nichts	típota
nie	poté
niemand	kanís
Niere	nefró,s
noch	akóma
Nonne	kalogriá,w
Norden	vorrás,m
nördlich	vórios-ia-io
es ist nötig	prépi

O

ob	an; eán
oben	epáno
oder	i
offen	aniktós-i-o
öffentlich	dimóssios-ia-io
öffnen	anígo
Öffnung	ánigma,s
oft	ssichná
ohne	chorís
Ohr	aftí,s
Öl	ládi,s
Oliven	eliá,w
Ölstand	píessi ladioú
Onkel	thiós,m
Orange;-farben	portokáli,s
Orangeade	portokaláda,w
in Ordnung	entáxi; kalá
Ort	méros;tópos
Osten	anatolí,w
Ostern	Pás/cha,w
Österreich	Afstría,w
Österreicher	Afstriakós,m
österreichisch	afstriakós-i-o
östlich	anatolikós-i-o

P

Paß	diavatírio,s
Passagier	epivátis,m
Passant	diavátis,m
Pause	diálima,s
Pers.-Ausweis	taftótita,w
Person	próssopo,s
persönlich	prossopikós-i-o
Petersilie	maidanós,m
Pfeffer	pipéri,s
Pferd	álogo,s
Pfingsten	Pentekostí,w
Pflaume	damáskina
Pfirsich	rodákino,s
Pille	chápi,s
Platz,Sitz	théssi,w
Platz;Raum	chorós,m;méros,s
Platz;Fläche	platía,w
plaudern	kouventiáso
plötzlich(Adv)	xafniká;éxafna
Polizei	astinomía
Polizist	astínomos,m
Pope	papás,m
Portion	merída,w
Post	tachidromío,s
Preis	timí,w
Problem	próvlima,s
Professor	kathigitís,m
Programm	prógramma,s
prüfen	exetáso
pur	skétos-i-o

Q

Qualle	tsoúchtra,s
Quelle	pigí,w;vrissi,w
Quittung	apódixi,w

R

rasieren	xiríso

Rauch	kapnós,m
rauchen	kapníso
Rechnung	logariasmós,m
Rechr	dikio,s
Rechtsanwalt	dikigóros,m
regelmäßig	taktikós-i-o
regelmäßig(Adv)	kanoniká
Regen	vrochí,w
es regnet	vréchi
reich	ploússios-ia-io
Reigen	ssirtós,m
Reihe	ssirá,w
rein	katharós-i-o
Reinigung	kathárisma,s
Reis	rísi,w
Reise	taxídi,w
-büro	grafío taxidíon
reisen	taxidévo
reparieren	epidiorthóno
reservieren	reserváro
Restaurant	estiatório,s
retten	ssóso
Rezept	retséta,w
Richter	dikastís,m
in Richtung nach	pros
Rind	vódi,s
-fleisch	vodinó,s
Ring	dachtilídi,s
ringsherum	gíro
Rippen	plevrá,s,pl
Rock	foústa,w
Rose	triantáfillo,s
rot	kókkinos-i-o
Rückkehr	epistrofí,w
Rucksack	taxidiotikós sakkos,m
Ruder	koupí,s
rufen	fonáso
ruhig	íssichos-i-o

S

Sache	prágma,s
Sack	ssákos,m
sagen	lé(g)o
Salat	ssaláta,w
Salbei	faskomília,w
Salz	aláti,s
sammeln	masévo
Sand	ámmos,w
Sandalen	ssantália,s,pl
Sandstrand	ammoudiá,w
Satz	frássi,w
sauber,rein	katharós-i-o
Säuberung	kathárisma,s
Säule	kolóna,s
schade	kríma
Schafe	próvata,s,pl
Schaffner	ispráktoras,m
Schallplatte	dískos,m
Schalter(Ticket)	thirída,w
Schatten	skiá,w
schauen	kitáso
Schaufenster	vitrína,w
Schaum	afrós,m
Schauspieler	ithopiós,m
Scheibenwischer	katharistíres,w
schenken	doríso;charíso
schicken	stélno
Schicksal	tíchi,w;míra,w
Schiff	plío,s;karávi,s
Schiffsdeck	katástroma,s
Schlaf	ípnos,m
schlafen	kimoúme
schlau	ponirós-i-o
schlecht	kakós-i-o
schließen	klíno
Schlüssel	klidí,s
Schmerz	pónos,m
Schmuck	kósmima,s
Schnee	chióni,s
schneiden	kóvo
schnell	grígoros-i-o
schon	piá
schön	ómorfos-i-o oréos-ea-eo
Schrift	grápsimo,s
schreiben	gráfo
schreien	fonáso
Schritt	víma,s
Schuh	papoútsi,s
Schule	s/cholío,s
Schüler	mathitís,m
Schülerin	mathítria,w
Schüssel	lekáni,s
Schwäche	adinamía,w
schwarz	mávros-i-o
Schwein	gouroúni,s
-fleisch	chirinó,s
Schweiz	Elvetía,w
Schweizer	Elvetós,m
schweizerisch	elvetikós-i-o
schwer	varís-iá-í
schwer;schwierig	dískolos-i-o

Schwester	adelfí,w
Schwiegermutter	petherá,w
-sohn	gambrós,m
-tochter	nífi,w
-vater	petherós,m
Schwierigkeit	diskolía,w
schwimmen	kolimbó
schwitzen	idróno
See,der	límni,w
Seele	psichí,w
Seeigel	achinós,m
Seemann	náftis,m
Segel	paní,s
segeln	armeníso
sehen	vlépo
sehr	pára polí
Seife	ssapoúni,s
sein	íne
seit	apó;ex
Seite	plevrá,w
Seitenstraße	párodos,w
Sekunde	defterólepto,s
selbst;selber	ídios-ia-io
Senf	moustárdi,w
sicherlich	vévia
Silber	assími,s
silbern	asseménios-ia-io
singen	tragoudó
Sitz;Platz	théssi,w
sitzen;setzen	káthome
so	étsi
sobald	mólis
Soda	ssóda,w
sofort	améssos
Sohn	giós,m
Sommer	kalokéri,s
sondern	allá
Sonne	ílios,m
Sonnenuntergang	iliovassílema,s
Sonntag	Kiriakí,w
Soße	ssáltsa,w
sowohl als auch	ke ke
spät	argá
Speisekarte	katálogos,m
spendieren	kernó
Spitze	aktí,w;míti,w
Spiegel	kathréftis,m
sprechen	mil(á)ó
Staat	krátos,s
staatlich	kratikós-i-o
Stadt	póli,w
stark	dinatós-i-o
Station	stássi,w
statt;an-	antí
stehlen	klévo
Stein	pétra,w
Stern	astéri,s
Stimmung	kéfi,w
Stickerei	kéntima,s
Stock	bastoúni,s
Stockwerk	pátoma,s
Stoff	ífasma,s
Strafe	timoría,w
Strand	paralía,s
Straße	drómos,m
Straßenbahn	tram,s
Streichholz	spírto,s
stricken	pléko
Strohhalm	kalamáki,s
Strümpfe	káltses,s,pl
Stück	kommáti,s
Student	fititís,m
Studentin	fitítria,w
studieren	spoudáso
Stufen	skáles,w,pl
Stuhl	káthisma,s
Sturm	fourtoúna
suchen	psáchno
Süden	nótos
südlich	nótios-ia-io
Summe	possó,s
Superbenzin	ssoúper,s
süß	glikós-i-o
Süßigkeit	glikó,s
Swimmingpool	pissína,w

T

Tabak	kapnós,m
Tablett;Platte	dískos,m
Tafel	pínakas,m
Tag	méra,w
Tag, guten -	kaliméra
täglich	kathimerinós-i-o
Tante	thía,w
Tankstelle	pratírion,s
Tanz	chorós,m
tanzen	chorévo
Taschentuch	mantíli,s
Tasse	filtsáni,w
Tat	práxi,w
tatsächlich	pragmatiká
taub	koufós-i-o
Taube	peristéri,s

Preiswert reisen –
viel erleben
Bücher für junge Leute mit schmalem Geldbeutel.
„Preiswert Reisen“ Bücher mit vielen Informationen und handfesten Tips.
Preiswert-Reisen-Bücher gibt’s für:
Türkei, Portugal, Zypern, Korfu, Sri Lanka, Marokko, Peru, Norwegen, Inter-Rail, Kreta, Kuba, Florenz, London
PREISWERT
Dieter Czubaj
Hayit Verlag, Köln

tauchen	voutó
Taxi	taxi
-fahrer	taxitsis,m
Tee	tsai
Teil	méros,m
Telefon	tiléfono,s
-gespräch	tilefónima,s
-hörer	akoustikó,s
telefonieren	tilefoniso
Telegrafenamt	tilegrafio,s
telegrafieren	tilegrafó
Telegramm	tilegráfima,s
Teller	piáto,s
Tempel	naós,m
Teppich	chali,s
Tenne	alóni,s
teuer	akrivós-i-o
Theater	théatro,s
Thunfisch	tónnos,m
tief	vathis-iá-i
Tiefe	váthos,s
Tier	sóó,s
Tisch	trapési,s
Tochter	kóri,w;digathéra,w
Toilette	toualétta,w
Tomate	domáta,w
Topf	katsaróla,w
Torte	toúrta,w
tränken	potiso
trennen	choriso
Treppe	skála,w
treten	pató
trinken	pino
trocken	xerós-i-o
tun	káno
Tür	pórta,w
Typ	tipos,m

U

überall	pantoú
übermorgen	methávrio
übersetzen	metafráso
Uhr	rolói,s
um zu	giá na
umgekehrt	antíthetos;anápoda
und;auch	ke
Unfall	distichima,s
ungerecht	ádikos-i-o
Universität	panepistimio,s
unmöglich	adinatos-i-o
unten	káto
unterbrechen	diakópto
Untergeschoss	ipógio,s
Unterricht	máthima,s
unterrichten	didásko
unterschiedlich	diáfori-es-a
Untertasse	piatáki,s
Urlaub	diakopés;ádia,w,pl

V

Vater	patéras,m
verbieten	apagorévo
verderben	chal(á)ó
verdienen	kerdiso
vergessen	xechnó
vergiften	farmakóno
verheiratet	pandreménos-i-o
verkaufen	pouló
Verkehr	kinissi,w kikloforia,w
verdienen	cháno
verschieden	diaforetikós-i-o
verschwitzt	idroménos-i-o
verspäten,sich	argó
Verstand	mialó,s
verstehen	katalavéno
versuchen	dokimáso
Verwandte	ssingenis,w,pl
Vetter	exádelfos,m
viel	poli
viel;sehr	polis-a-i
vielleicht	issos;mipos
Volk	laós,m
volks-	dimotikós-i-o
-tümlich	la/ikós-i-o
voll	gemátos-i-o
von	apó;ex
vor	prin apó
vor allem	pro pántos
vorbeikommen	pernó
vorbereiten	etimáso
vorgestern	prochtés
voriges Jahr	périssi
vorn	brostá
Vorsicht	prossochi,w
Vortrag	diálexi,w
Vorspeise	mesés,m

W

Wachs	keri,s
Wagen	ámaxa,w
Waggon	vagóni,s
während	enó
Wahrheit	alithia,w
Wald	dássos,s

Wand	tîchos,m
Wanderer	diavátis,m
wann	póte
warm	sestós-i-o
Wärme	sésti,w
warten	periméno
warum	giatî
was;was für ein	ti
Waschbecken	niptîras,m
waschen	pléno
Wasser	neró,s
-fall	kataráktis,m
-hahn	vrîssi,w
-melone	karpoússi,s
-ski	thallássia ski
-spülung	kataráktis,m
wechseln	alláso
wecken	xipn(á)ó
weder noch	oúte oúte
Weg	odós,w
Weg,staubiger	chomatódromos,w
wegen	giá
wegfahren;-gehen	févgo
weich	malakós-i-o
Weihnachten	Christoúgenna,s,pl
weil	giatî
Wein	krassî,s;înos,m
weinen	kléo
Weinhandlung	inopólion,s
Weintraube	stafîli,s
weiß	áspros-i-o
weit	makriá
Welle	kîma,s
Welt	kósmos,m
ein wenig	lîgo
wenige	lîgos-i-o
wenn	ótan;an
wer	piós;piá;pió
werden	gînome
werfen	rîchno
Werkstatt	ergastîrio,s
Westen	dîssi,w
westlich	ditikós-i-o
Wetter	kerós,m
wichtig	spoudéos-ea-eo
wie	ssan;ópos
wie?	pos
wiederum	páli
wieviel	pósso
wild	ágrios-ia-io
Wind	aéras,m;ánemos,m

Windstille	galîni,w
Winter	chimónas,m
wissen	xéro
Wissen	gnóssi,w
woanders	alloú
Woche	vdomáda,w evdomáda,w
-tag	kathimerinî,w
woher?	apó pou
wohlschmeckend	nóstimos-i-o
wohnen	méno
Wolken	ssînefa,s,pl
wollen	thélo
Wort	léxi,w;lógos,m
wunderbar!	thávma
Wurst	loukániko,s
Wüste	érimos,w
Z	
Zahl	arithmós,m
zahlen	pliróno
Zähler	métrima,s
Zahn	dónti,s
-arzt	odontogiatrós,m
zeichnen	dîchno
Zeit;Wetter	kerós;chrónos,m
Zeitung	efimerîda,w
zentral	kentrikós-i-o
Zentrum	kéntro,s
Ziege	katsîki,s
Zigarette	tsigáro,s
Zimmer	domátio,s
Zitrone	lemóni,s
Zoll	telonîo,s
zu	sse
Zucker	sáchari,s
-melone	pepóni,w
zuerst;früher	próta
zufrieden	efcharistiménos
Zug	tréno,s
Zunge	glóssa,w
zurückkommen	girîso
zusammen	masî
- mit	masî me
Zweck	skopós,m
zwischen;in-	anámessa sse
Zypresse	kiparîssi,w

A

adelfí,w	Schwester
adélfia,pl	Geschwister
adelfós,m	Bruder
ádia,w	Erlaubnis,Urlaub
ádikos-i-o	ungerecht
adinamía,w	Schwäche
adínatos-i-o	unmöglich,mager
aéras,m	Wind,Luft
aerodrómio,s	Flugplatz
aeróplano,s	Flugzeug
aféntis,m	Chef,Herr
afíno	lassen
áfixis,w	Ankunft
afoú	nachdem
afrós,m	Schaum
Afstría,w	Österreich
aftí,s	Ohr,Henkel
aftokínito,s	Auto
aftómato,s	Automat
aftós-i-o	der,dieser
agápi,w	Liebe
agapitós-i-o	lieb
agap(á)ó	lieben
ágios-ía-io	heilig
agorá,w	Markt
agoráso	kaufen
agóri,s	Junge,Knabe
ágrios-a-o	wild
aidóni,s	Nachtigall
akadimía,w	Akademie
akolouthó	folgen
akóma	noch
akoúo	hören
akoustikó,s	Telefonhörer
ákri,w	Kap,Spitze,Ecke
akrivós-i-o	teuer
akrivós(Adv)	genau
akrogialiá,w	Strand
akrópolis,w	Zitadelle
aláti,s	Salz
alépou,w	Fuchs
alévri,s	Mehl
alissída,w	Kette
alíthia,w	Wahrheit
alítis,m	Vagabund
allá	aber,sondern
allagí,w	Änderung,Wechsel
alláso	ändern,wechseln
állos-i-o	anderer
álogo,s	Pferd
alóni,s	Tenne
ámaxa,w	Tenne
améssos	sofort
ámmos,w	Sand
ammoudiá,w	Sandstrand
an, eán	wenn, ob
anachórissi,w	Abfahrt
anachoró	aufbrechen
anámessa, sse	zwischen
anápoda	umgekehrt
anapsitikó,s	Erfrischung
anatolí,w	Osten
anatolikós-i-o	östlich
ándras,m	Mann
andrógino,s	Ehepaar
ánemos,m	Luft,Wind
anepsiá,w	Nichte
anepsiós,m	Neffe
anevéno	steigen
angenáres,pl	Artischocken
angíso	berühren
angístri,s	Angel
angoúri,s	Gurke
ánigma,s	Öffnung
anígo	öffnen
aniktós-i-o	offen
ánixi,w	Frühling
anthropinós-i-o	menschlich
ánthropos,m	Mensch
antí	anstatt,statt
antío	Adieu
apagorévo	verbieten
apagorévete	es ist verboten
apántissi,w	Antwort
apantó	antworten
apénanti, sse	gegenüber
apestagméno neró	destilliertes Wasser
apéxo	außen,auswendig
aplóno	ausbreiten
aplós-i-o	einfach
apó	aus,von
apódixi,w	Quittung
apofassíso	beschließen
apógevma,s	Nachmittag
-tinós-i-o	nachmittags
apókentros-i-o	abgelegen
apomakríno	sich entfernen

apó pou	woher
apópse	heute abend
archéa,pl	Altertümer
archeologîa,w	Archäologie
archéos-o-a	antik,alt
archî	Anfang,Beginn
archîso	anfangen
arésso	gefallen
mou aréssi	es gefällt mir
argá	spät
argó	sich verspäten
aristerós-i-o	linker
arithmós,m	Zahl
arketós-i-o	genügend
armenîso	segeln
arnî,s	Lamm
ároma,s	Aroma
arróstia,w	Krankheit
árrostos-i-o	krank
asfália,w	Versicherung
áspros-i-o	weiß
asprîso	weißen,kalken
asseménios-i-a	silbern,aus S.
assîmi,s	Silber
ástakos,m	Hummer
astéri,s	Stern
astinomîa,w	Polizei
astinómos,m	Polizist
astrapî,w	Blitz
Athîna,w	Athen
avgó,s	Ei
avlî,w	Hof,Innen-
ávrio	morgen

B

bakáliko,s	Krämerladen
bakális,m	Krämer
baklavás,m	süßes Gebäck
balkóni,s	Balkon
bálla,w	Ball,Kugel
banána,w	Banane
bánio,s	Bad
bar,s	Bar
bárbas,m	Onkel
barboúni,s	Barbe
barkárisma,s	Einschiffung
barkáro	einschiffen
bastoúni,s	Stock
béno	betreten
biftéki,s	Beefsteak
bikîni,s	Bikini
bîra,w	Bier
biskóto,s	Keks
ble	blau
bloúsa,w	Bluse
boró	können
bótta,w	Stiefel
boufés,m	Büffet
boukáli,s	Flasche
brávo	bravo
brisóla,w	Kotelett
brostá	vorne,nach vorne
broússikos-i-o	herb,trocken

C

chalîki,s	Kieselstein
chalî,s	Teppich
chal (á) ó	verderben
chamomîli,s	Kamille
cháno	verlieren
chápi,s	Pille
chará,w	Freude
charîso	schenken
chartî,s	Papier
chartîá,pl	Papiere,Ausweise
chartopetséta,w	Papierserviette
cheretîsmata,pl	Grüße
cheretó	grüßen,begrüßen
chéri,s	Hand
cherófreno	Handbremse
chiliómetro,s	Kilometer
chimónas,m	Winter
chióni,s	Schnee
chionîsi	es schneit
chirinó,s	Schweinefleisch
chóma,s	Erde
chorá,w	Land
choriatikós-i-o	ländlich,bäuerl.
choriátis,m	Bauer
chorió,s	Dorf
chorîs	ohne
chorîso	trnnen
choristá	extra
chorofîlax,m	Landpolizei
chorós,m	Tanz
chóros,m	Platz,Raum
chriásome	brauchen
chrióno	frieren
chrios-i-o	kalt
chrissó,s	Gold
chrissós-i-o	golden
christianós,m	Christ
Christoúgenna	Weihnachten
chróma,s	Farbe

chromatikós-i-o	farbig
chromatistó,s	Farbfilm

D

dachtilîdi,s	Ring
dáchtilo,s	Finger
damáskina,w	Pflaume
daskála,w	Lehrerin
dáskalos,m	Lehrer
dássos,s	Wald
defterólepto,s	Sekunde
den	nicht
déndro,s	Baum
déno	binden
dérma,s	Haut,Leder
dermatinós-i-o	ledern, aus Leder
despinîda,w	Fräulein
despinîs	Fräulein
despótis,m	Bischof
diadromî,w	Fahrt,Strecke
diafanîs-ia-i	durchsichtig
diaforetikós-i-a	verschieden
diáfori-es-a	unterschiedlich
diáfragma,s	Blende(Foto)
diakopî,w	Unterbrechung
diakopés,pl	Ferien
diakópto	unterbrechen
dialégo	aussuchen
diálektos,m	Dialekt
diálexi,w	Vortrag
diálogos	Gespräch
diarkî	es dauert
diarkó	dauern
diaváso	lesen
diavatîrio,s	Paß,Ausweis
diavátis,m	Wanderer
diávolos,m	Teufel
dîchno	zeigen
didásko	unterrichten
di-éfthinissi,s	Adresse
di-efthintîs,m	Direktor
dikastîs,m	Richter
dîkeos-a-o	gerecht
dikigóros,m	Rechtsanwalt
dîkio,s	Recht
diladî	nämlich
dimóssios-ia-o	öffentlich
dimotikós-i-o	volks-
dînami,w	Kraft,Macht
dinatón	möglich
dinatós-i-o	stark,laut
dîno	geben
diódion,s	Mautstelle
diplá	nebenan
dipsó	dursten
diskolîa,w	Schwierigkeit
dískolos-i-o	schwer
dîssi,s	Westen
distîchima,s	Unfall
distichós	leider
ditikós-i-o	westlich
dolmadákia,pl	gef.Weinblätter
domáta,w	Tomate
domátion,s	Zimmer
dónti,s	Zahn
dóro,s	Geschenk
douliá,w	Arbeit
doulévo	arbeiten
douss,s	Dusche
Drachmî,w	Drachme
dráma,s	Drama
dromalógio,s	Fahrplan
drómos,m	Weg,Straße
drosserós-i-o	kühl
drossiá,w	Kühle
drossíóso	kühlen

E

échi	es gibt
écho	haben
edó	hier
efcharistiménos	zufrieden
efcharistó	danke
efimerîda,w	Zeitung
éfkolos-i-o	einfach
efropaikós-i-o	europäisch
Efrópi,w	Europa
eftichós (Adv)	glücklicherw.
ekdromî,w	Ausflug
ekî	dort
ekklissîa,w	Kirche
ektós apó	außer
elafrós-i-o	leicht,schwach
eleftheróno	befreien
eléftheros-i-o	frei
élengchos,m	Kontrolle
elengtîs,m	Kontroleur
eliá,w	Olive
Elláda,w	Griechenland
Éllinas,m	Grieche
Ellinîda	Griechin
ellinikós-i-o	griechisch
elpîda,w	Hoffnung
elpîso	hoffen

Conrad Stein Verlag

Sonthofener Str. 25 · 23 Kiel 14 · ☎ 0431 / 78 18 25

Australien Handbuch / Stein	**DM 24,80**
Alaska Handbuch / Tiling	**DM 19,80**
Neuseeland Handbuch / Stein	**DM 19,80**
Gesund Reisen / Dr. Ritter	**DM 7,80**
Überleben – Survival in der Wüste / Nelson	**DM 12,80**
Sizilien Handbuch / Müller	**DM 12,80**
China für Einzelreisende / Bornemann	***DM 19,80***
Leben in der Wildnis / Berglund	***DM 19,80***
Kanadas Westen / Stein & Richter	***DM 19,80***
Kanadas Rocky Mountains Nationalparks/Patton	***DM 39,80***
Leinenausgabe	***DM 59,80***
Kanada / Alaska-Highway-Handbuch / Richter	***DM 19,80***
Südschweden auf eigene Faust / Bohn & Gehrke	***DM 19,80***
Spanien auf eigene Faust / Fründt & Muxfeldt	***DM 19,80***
Kanadas Atlantikprovinzen / Ahrens	***DM 19,80***
Südafrika Handbuch / Zöllner (in Vorb.)	***ca. DM 19,80***

Die Autoren dieser Reihe sind allesamt gestandene Weltenbummler mit jahrelanger Reiseerfahrung und besonderer Kenntnis des Gebietes, über das sie schreiben.

Die Bücher dieser Reihe werden ausschließlich in kleinen Auflagen hergestellt, um sie ständig auf dem neuesten Stand halten zu können.

Bitte fordern Sie unseren Verlagsprospekt und unsere Kurzinfos an:
Karten & Bücher Australien / Karten & Bücher Neuseeland, Südsee / Survival-Bücher / Karten & Bücher USA, Kanada, Alaska / Bücher China / Flüge Australien, Neuseeland, Südsee / Flüge Round the World.

REISE Stein HANDBUCH

éma,s	Blut
ematóno	bluten
emfanîso	entwickeln(Foto)
engóni,s	Enkelkind
entáxi	in Ordnung
entós	innerhalb
éntipo,s	Drucksache
en to metaxî	inzwischen
eortî,w	Feiertag
epáno	oben,hinauf
epidiorthóno	reparieren
épipla,s,pl	Möbel
epiploménos-i-o	möbliert
epîssis	ebenfalls
epistrofî,w	Rückkehr
epitrépo	erlauben
epivátis,m	Passagier
epochî,w	Jahreszeit
epómenos-i-o	folgend
érchome	kommen
ergáso	arbeiten
ergastîrio,s	Werkstatt
ergátis,m	Arbeiter
érgo,s	Arbeit
ergóchiron,s	Handarbeit
ergostássio,s	Fabrik
érimos-i-o	einsam
éros,m	Liebe
essî	du
essoterikó,s	Inland
estiatório,s	Restaurant
etimáso	vorbereiten
étimos-i-o	fertig
étos,s	Jahr
étsi	so
evgenikós-i-o	freundlich
ex	aus,von,seit
exádelfos,m	Vetter
éxafna	plötzlich
exetáso	prüfen
exétassi,w	Prüfung
exigó	erklären
éxo apó	außerhalb
éxoda, pl	Ausgaben
éxodos,m	Ausgang
exoterikó,s	Ausland

F

fagitó,s	Essen
fanári,s	Leuchtturm,Ampel
fanária,s	Autolampe
farmakîo,s	Apotheke
fármako,s	Medizin
farmakóno	vergiften
faskomîlia,w	Salbei
fassólia,Pl	Bohnen
fénete	anscheinend
fengári,s	Mond
féngo	leuchten
fénome	scheinen,aussehen
férno	bringen
férri-bot	Fähre
fétos	diese Jahr
févgo	weggehen,-fahren
filakî,w	Gefängnis
fîllo,s	Blatt
film,s	Film
fîlos,m	Freund
fîltro,s	Filter
filtsáni,s	Tasse
fîssi,w	Natur
fissikós-i-o	natürlich
fiss(á)ó	wehen,blasen
fititîs,m	Student
fitîtria,w	Stidentin
fonáso	rufen,schreien
fonî,w	Stimme
forá,w	Mal
miá forá	einmal
fórema,s	Kleidungsstück
foró	tragen,anziehen
fos,s	Licht
fotiá,w	Feuer
fotinós-i-o	hell,strahlend
fotografîa,w	Fotografie
- michanî	Fotoapparat
fotografîso	fotografieren
fotográfos,m	Fotograf
foúrnaris,m	Bäcker
foúrnos,m	Ofen,Bäckerei
fourtoúna,w	Sturm
foústa,w	Rock
foustanélla,w	Tracht(Mann)
foustáni,s	Kleid
fóvos,m	Furcht
fovoúme	fürchten
frássi,w	Satz
fraúles,w	Erdbeere
fréno,s	Bremse
fréskos-i-o	frisch
froúto,s	Frucht
ftáno	ankommen
ftiáno	machen,herstel.

ftinóporos,m	Herbst
ftinós-i-o	billig
ftochós-i-o	arm

G

gaidoúri,s	Esel
gála,s	Milch
galíni,s	Windstille
Gallía,s	Frankreich
gallikós-i-o	französisch
gambrós,m	Bräutigam
gámos,m	Hochzeit,Ehe
garídes,s	Garnelen
garssóni,s	Kellner
gási,s	Gas
géfira,w	Brücke
géfsi,w	Geschmack
geló	lachen
gemátos-i-o	voll
gemíso	füllen
gemistós-i-o	gefüllt
genéthlia,pl	Geburtstag
geniká	allgemein
génissi,w	Geburt
gennó	gebären
génos,s	Geschlecht
Germanía,s	Deutschland
Germanikí Omospondiakí Dimokratía	BRD
germanikós-i-o	deutsch
gernó	altern
géros-i-o	alt
gi,w	Erde
giá	für,wegen
giá na	um zu
giagiá,w	Großmutter
gialíso	glänzen
gialisterós-i-o	glänzend
gialós,m	Strand
giaoúrti,s	Joghurt
giatí	warum
giatí	weil, denn
gimnássio,s	Gymnasium
gimnismós,m	Nacktbaden
gimnóno	entblößen
ginéka,w	Frau
gínome	werden
giortáso	feiern
giortí,s	Feier,Fest
giós,m	Sohn
giríso	zurückkommen
girísi film	filmen
gíro se	herum,rings-
gláros,m	Möwe
glikós-i-o	süß
glikó,s	Kuchen
glent(á)ó	sich amüsieren
glóssa,w	Zunge
gnómi,w	Meinung
gnoríso	kennen
gnóssi,w	Wissen
gnostós-i-o	bekannt
gol,s	Fußballtor
gonís,pl	Eltern
goústo,s	Geschmack
gouroúni,s	Schwein
grafío,s	Büro
- taxidión	Reisebüro
gráfo	schreiben
grámma,s	Brief
- tokivótion	Briefkasten
- tóssimo	Briefmarke
grammí,w	Linie,Leitung
grápsimo,s	Schrift
griá,w	Greisin
grígoros-i-o	schnell

I

i	oder
i-i	entweder oder
iatrío,s	Arztpraxis
iatrós,m	Arzt
idéa,w	Idee
ídios-a-o	selbst,gleich
idíos	besonders
ídos,s	Art
idroménos-i-o	schwitzig
idróno	schwitzen
ífasma,s	Stoff
igía,w	Gesundheit
igiís-á-ó	gesund
ikogénia,w	Familie
ikóna,w	Ikone
ikonomiká,pl	wirtschaftl.Lage
ilektrikós-i-o	elektrisch
ílios,m	Sonne
iliovassílema	- untergang
íme	sein(verb)
ínos,m	Wein
inopólio,s	Weinhaltung
ipállilos,m	Beamter
ipárcho	existieren
sto ípethro	im Freien

ipoféro	leiden
ipógio,s	Untergeschoß
ipotim(á)ó	abwerten(Geld)
îpnos,m	Schlaf
îpsos,s	Höhe
iss	in,auf
issitîrio,s	Eintrittskarte
îssichos-i-o	ruhig
îssodos,w	Eingang
issprâktor,m	Schaffner
îstera	dann,nachher
ithopiós,m	Schauspieler
Italia,s	Italien
italikós-i-o	italienisch

K

kabîna,w	Kabine
kafé	braun
kafedáki,s	griech.Kaffee
kafenîo,s	griech.Kaffeehaus
kafés,m	Kaffee
kafetsîs,m	Kafenion-Wirt
kaîki,s	Boot
kaimenós-i-o	arm
kaimós,m	Kummer
kakós-i-o	schlecht
kalá	gut
kalamáki,s	Strohhalm
kalamári,s	Tintenfisch
kaliméra	guten Tag
kalitechnîs,m	Künstler
kalitechnikós	künstlerisch
kalítera	besser,lieber
kaló	einladen,anrufen
kalógeros,m	Mönch
kalogriá,w	Nonne
kalokéri,s	Sommer
kalós-i-o	gut
káltses,pl	Strümpfe
kamiá forá	manchmal
kámpos	Ebene
kanîs	niemand
káno	machen
káno bánjo	baden
kapéllo,s	Hut
kapetánios,m	Kapitän
kapnîso	rauchen
kapnós,m	Rauch,Tabak
kápote	einst
kápou	irgendwo
karáfa,w	Karaffe
karamélla,w	Bonbon
karâvi,s	Schiff
kardiá,w	Herz
karékla,w	Stuhl
karótsa,w	Wagen,Gepäck-
karpoússi,s	Wassermelone
kárta,w	Karte
kástro,s	Kastell
katalavéno	verstehen
katálogos,m	Speisekarte
kataráktis,m	Wasserfall
katástima,s	Geschäft
katástroma,s	Schiffsdeck
katevéno	heruntersteigen
katharós-i-o	sauber,rein
kathárisma,s	Reinigung
katharistîres,pl	Scheibenwischer
káthe	jede,-r,-s
kathénas	jeder einzelne
kathigitîs,m	Professor
kathimerinî,w	Wochentag
kathimerinós-i-o	täglich
káthisma,s	Stuhl
káthome	sitzen
kathréftis,m	Spiegel
káti	etwas
káto	unten,nach unten
katsaróla,w	Topf
katsîki,s	Ziege
ke	und,auch
ke-ke	sowohl als auch
kefálli,s	Kopf
kefalóponos,m	Kopfschmerz
kéfi,w	gute Laune
keftés,m	Klößchen
kéntima,s	Stickerei
kentrikós-i-o	zentral
kéntro,s	Zentrum,gr.Lokal
kéo	brennen
kerdîso	verdienen
kérdos,s	Gewinn,Verdienst
kérma,s	Münze
kernó	spendieren
kerós,m	Zeit,Wetter
kîklos,m	Kreis
kikloforîa,w	Verkehr
kîma,w	Welle
kimoúme	schlafen
kîndinos,m	Gefahr
kinî agorá,w	gemeins.Markt
kînissi,w	Bewegung
kinematográfos	Kino

kinos-i-o	allgemein
kiparissi,w	Zypresse
kîpos,m	Garten
kiría,w	Dame,Frau
kiriakî,w	Sonntag
kîrios,m	Herr
kiríos	hauptsächlich
kitáso	schauen
kitó	hauen
kîtrinos-i-o	gelb
kléftis,m	Dieb,Freiheitskämpfer
klévo	stehlen
klidî,s	Schlüssel
klîma	Klima
klinikî,w	Klinik
klîno	schließen
kóvo	schneiden
kókkinos-i-o	rot
kókkalo,s	Knochen
kokkarás,m	Hahn
kólimpi,w	Schwimmen
kolimpó	schwimmen
kolóna,w	Säule
kólpos,m	Meeresbusen
kommotîs,m	Damenfriseur
kommótria,w	Damenfriseuse
koniák	Kognak
kontá	nahe
kontós-i-o	kurz
kopélla,w	Mädchen
kóri,w	Tochter
korifî,w	Gipfel
korîtsi,w	Mädchen
kósmima,s	Schmuck
kósmos,m	Welt
kostîso	kosten
kostoúmi,s	Anzug,Kostüm
kotópoulo,s	Hühnchen
kótta,w	Huhn
koufós-i-p	taub
kounéli,s	Kaninchen
kounoúpi,s	Mücke
koupî,s	Ruder
kourágio,s	Mut
kouréas,m	Friseur
kourío,s	Friseurgeschäft
kousîna,w	Küche
koutáli.s	Löffel
koutós-i-o	dumm
kouvénta,w	Gespräch
kouventiáso	plaudern
kouvérta,w	Decke
kóvo	schneiden
krassî,s	Wein
kratikós-i-o	staatlich
krat(á)ó	halten,behalten
krátos,s	Staat
kréas,s	Fleisch
kréma,w	Creme
krifós-i-o	geheim
krîma	schade
krióno	frieren
kríos-o-a	kalt
ktîso	bauen

L

lachaniká,pl	Gemüse
láchano,s	Kohl
ládi,s	Öl
lagós,m	Hase
lámpa,w	Lampe
lampáda,w	Osterkerze
lámpo	leuchten
lamprós-i-i	glänzend
laós,m	Volk
lásticho,s	Autoreifen
lavéno	bekommen
lekáni,w	Schüssel
lemonáda,w	Limonade
lemóni,s	Zitrone
lemós,m	Hals
lé(g)o	sagen
leoforío,s	Autobus
leofóros,w	Allee
leptó,s	Minute
leptós-i-o	fein,dünn
léxi,w	Wort
lígo	ein wenig
lîgos-i-o	wenig
limáni,s	Hafen
limín,m	Hafen
lîmni,w	See,der
lîno	lösen
liontári,s	Löwe
lîpo	fehlen
lipón	also
lîssi,w	Lösung
litourgîa,w	Gottesdienst
litourgó	funktionieren
lîtro,s	Liter
logariasmós	Rechnung
logikós-i-o	logisch

lógos,m	Wort,Grund
loukániko,s	Wurst
louloúdi,s	Blume
loutró,s	Bad

M

machéri,s	Messer
magasí,s	Laden,Geschäft
maidanós,m	Petersilie
magió,s	Badeanzug
mágiras,m	Koch
magirévo	kochen
makarónia,pl	Makkaroni
makriá	weit
makrís-ia-i	lang
mákros	Länge
malakós-i-o	weich
málista	jawohl
malliá,pl	Haare
mána,w	Mutter
mat	matt(Film)
mantíli,s	Taschentuch
mármaro,s	Marmor
masíme	mit,zusammen
mástoras,m	Meister
mathéno	lernen,lehren
máthima,s	Unterricht
mathitís,m	Schüler
mathítria,w	Schülerin
máti,s	Auge
mávros-i-o	schwarz
me	mit
méchri	bis (zu)
megálos-i-o	groß
megálos,m	Erwachsener
méli,s	Honig
melíssa,s	Biene
melitsánes	Auberginen
melodía,w	Melodie
méno	bleiben,wohnen
merída,w	Portion
merikí-es-a,pl	einige (pl)
méros,s	Platz,Toilette
méssa	drinnen
messánichta,pl	Mitternacht
méssi,w	Mitte,Taille
messiméri	Nachmittag,-s
metá	nach,danach
metafráso	übersetzen
metallikó neró	Mineralwasser
metaxí,s	zwischen,in-
métrima,s	Zähler
métrios-a-o	mittel-
métro,s	Maß
metró	messen
mi(n)	nicht
michaní,w	Apparat,Maschine
mialó	Gehirn, Verstand
mídia,s(pl)	Muscheln
míga,s	Fliege
mikrós-i-o	klein
mílo,s	Apfel
mil(á)ó	sprechen
mílos,m	Mühle
mínas,m	Monat
mípos	vielleicht
misíthra	Hüttenkäse
mitéra,s	Mutter
míti,w	Nase
mnimío,s	Denkmal
modérnos-i-o	modern
mólis	kaum
molívi,s	Bleistift
monáchos,m	Mönch
monastíri,s	Kloster
mónos-i-o	allein
morfí,s	Gestalt
moró,s	Baby
morós-i-o	dumm
mov	lila
mos/chári,s	Kalb
motossikléta,w	Motorrad
moussikí,w	Musik
moussikós,m	Musiker
moussío,s	Museum
moustárdi,w	Senf

N

náftis,m	Seemann
naós,m	Tempel
ne	ja
nefró,s	Niere
neró,s	Wasser
névro,s	Nerv
níchta,w	Nacht
nífi,w	Schwiegertochter
nikiáso	mieten,ver-
nikokíris,m	Hausherr
nikokirá,s	Hausherrin
nikterinó leoforío	Nachtbus
nikterínós-i-o	nächtlich
niptíras,m	Waschbecken
nissí,w	Insel

nomíso	denken
norís	früh
nossokomío,s	Krankenhaus
nostalgía,w	Sehnsucht,Heimweh
nostalgó	Sehnsucht haben
nóstimos-i-o	wohlschmeckend
nótios-i-o	südlich
nótos,m	Süden

O

óchi	nein
odigó	lenken,führen
odigós,m	Fahrer,Führer
odontoiatrós,m	Zahnarzt
odós,w	Weg
ólos-i-o	alle,ganz
omás	Mannschaft
ómios-a-i	ähnlich,gleich
ómorfos-i-a	schön
ómos	aber
ónoma,s	Name
onomáso	nennen
órexi,w	Appetit
oríste	(ja)bitte
oss	bis
ótan	wenn
óti	daß
ouranós,m	Himmel
oúte-oúte	weder noch

P

pachís-ia-i	dick,fett
pagotó,s	Speiseeis
pakéto	Paket
páli	wiederum
palikári,s	Bursche
paliós-iá-ió	alt
paltó,s	Mantel
Panagía,w	Mutter Gottes
pandreménos-i-o	verheiratet
panepistímio,s	Universität
paní,s	Segel
pánta	immer
pantelóni,s	Hose
páo	gehen,fahren
pantoú	überall
papás,m	Pope
papoútsi,s	Schuh
pappoús,m	Großvater
pará	außer
parangelía,w	Bestellung
parangéllo	bestellen
parakaló	bitten
paralía,w	Strand
pára polí	sehr
paráthiro,s	Fenster
paréa,w	Gesellschaft
párodos	Nebenstraße
Pás/cha,w	Ostern
patáta,w	Kartoffel
patéras,m	Vater
pató	treten
pátoma,s	Stockwerk
patrída,w	Heimat
patriótis,m	Landsmann
pedí,s	Kind
péfko,s	Kiefer
péfto	fallen
pelagós,s	offenes Meer
Pémpti,w	Donnerstag
Pentikostí,w	Pfingsten
pepóni,s	Zuckermelone
periméno	warten
períptero,s	Kiosk
périssi	voriges Jahr
peristéri,s	Taube
peristério,s	Taubenschlag
pérno	nehmen
pernó	vorbeikommen
petherá,w	Schwiegermutter
petherós,m	Schwiegervater
pétra,w	Stein
petrélio,s	Diesel
petséta,w	Handtuch
piá	schon
piáno	anfassen
piasménos-i-o	besetzt
píessi,w	Blutdruck
píessi ladioú	Ölstand
piatáki,s	Untertasse
piáto,s	Teller
pigí,w	Quelle
pigéno	gehen,fahren
piláfi,s	gek.Reis
pínakas,m	Tafel
píno	trinken
pin(á)ó	Hunger haben
pió	mehr
piós,piá,pió	wer, welcher
pipéri,s	Pfeffer
piperiá,w	Paprika
piretós,m	Fieber
piroúni,s	Gabel
pissína,w	Swimmingpool

pîsso	hinten
plâti,w	Rücken
platíá	Platz
platís-iá-i	breit
pléko	stricken
pléno	waschen
plévra,w	Seite
plevrá,pl	Rippen
plîo,s	Schiff
pliroforîa,s	Auskunft
pliróno	zahlen
ploússios-ia-i	reich
pódi,s	Fuß
podîlato,s	Fahrrad
podófreno,s	Fußbremse
podósfero,s	Fußballsport
polemó	kämpfen
pólemos,m	Krieg
póli,w	Stadt
polî	viel
polîs-i-i	viel,sehr
polîtis,m	Bürger
ponirós-i-o	schlau
ponokéfalos,m	Kopfschmerzen
pónos,m	Schmerz
pórta,w	Tür
portbagás,s	Kofferraum
portokálada,w	Orangeade
portokáli	orangefarben
portokáli,s	Apfelsine
pósa,s	Aufnahme(Foto)
potámi,s	Fluß
póte	wann
poté	nie
potîri,s	Glas(Trink-)
potîso	begießen
possó,s	Summe
pósso	wieviel
poúlman,s	Autobus
pouló	verkaufen
prágma,s	Sache
prágmata,s,pl	Sachen,Gepäck
pragmatiká	tatsächlich
praktoríó,s	Agentur
prássinos-i-o	grün
pratîrio,s	Tankstelle
práxi,w	Tat
prépi	es ist nötig
prin	früher
prin apó	vor
prochtés	vorgestern

prógramma,s	Programm
pro/î,s	morgens,früh
pro/înó,s	Frühstück
pro pántos	vor allem
pros	in Richtung nach
prosécho	aufpassen
prossochî,w	Vorsicht
prosféro	anbieten
prossopikós-i-o	persönlich
prósopo,s	Person,Gesicht
próta	zuerst
prótos-i-o	erster
próvata,pl,s	Schafe
próvlima,s	Problem
psáchno	suchen
psarás,m	Fischer
psarévo	fischen
psári,s	Fisch
psarotavérna,s	Fischlokal
psémata,s	Lüge,Unsinn
psichí,w	Seele
psigîo,s	Kühlschrank
psilá,s,pl	Kleingeld
psilós-i-o	hochgewachsen
psîno	backen
psomás,m	Bäcker
psomî,s	Brot

R

reserváro	reservieren
résta,s,pl	Rest(geld)
retséta,w	Rezept
rîchno	werfen
rîsi,s	Reis
rodákino,s	Pfirsich
rolóí ,s	Uhr,Armband-
rot(á)ó	fragen
roúcha,s,pl	Kleider

S

sáchari,s	Zucker
sakéta,w	Jacke
sesténo	erhitzen
sésti,w	Wärme,Hitze
sestós-i-o	warm
sevgári,s	Paar
skála,w	Treppe
skáles,w,pl	Stufen
skétos-i-o	pur
skíá,w	Schatten
skîllos,m	Hund
skinî,w	Bühne
sklirós-i-o	hart

skópelos,m	Klippe
skopós,m	Zweck
skórdo,s	Knoblauch
skotádi,s	Dunkelheit
skotinós-i-o	dunkel
slaits,s	Diapositive
so	leben
sói,m	Leben
só/ó,s	Lebewesen,Tier
sontanós-i-o	lebendig
spáso	brechen, zer-
spirtó,s	Streichholz
spîti,s	Haus
spoudáso	studieren
ssákkos,m	Sack
ssaláta,w	Salat
ssáltsa,w	Soße
ssan	wie
ssantália,s,pl	Sandalen
ssapoúni,s	Seife
Ssavatokîriako,s	Wochenende
s/cholîo,s	Schule
sse	in,an,auf,zu
ssichná	oft
ssigá	langsam
ssídero,s	Eisen,Bügel-
ssiderodromos,s	Eisenbahn
ssideróno	bügeln
ssîko,s	Feige
ssikóti,s	Leber
ssîmera	heute
ssîmfonos-i-o	einverstanden
ssinchoró	entschuldigen
ssînefa,s,pl	Wolken
ssinemá,s	Kino
ssingenîs,w,pl	Verwandte
ssînora,s,pl	Grenze
ssirtós,m	Reigentanz
ssirá,w	Reihe
ssísigos,m,w	Gatte,Gattin
ssismós,m	Erdbeben
ssentónia,s,pl	Bettzeug
ssóda,w	Soda
ssóma,s	Körper
ssorts,s	Shorts
ssóso	retten
ssoúper	Superbenzin
ssovarós-i-o	ernst
stafîli,s	Weintrauben
stamató	aufhören
stathmós,m	Haltestelle

stélno	schicken
stenós-i-o	eng
stigmî,s	Moment
stiló,s	Kugelschreiber
stîlos,m	Säule,Pfeiler
stîthos,s	Brust
stóma,s	Mund
stomáchi,s	Magen
stróma,s	Matratze

T

tachodromîo,s	Post
tachîs-iá-i	schnell
taftótita,w	Personalausweis
taktikós-i-o	regelmäßig
tamîas,m	Kassierer
tamîo,s	Kasse
taxî,s	Taxi
taxidévo	reisen
taxîdi,s	Reise
taxitsîs,m	Taxifahrer
technî,w	Kunst
teleftéos-a-o	letzter
teliká	endlich
telióno	beenden
telonîo,s	Zoll
télos,s	Ende
thálassa,w	Meer
thalássia ski	Wasserski
thávma	wunderbar!
théatro,s	Theater
thîa,w	Tante
thigatéra,w	Tochter
thimîso	sich erinnern
thîos,m	Onkel
thélo	wollen
Theós,m	Gott
therapîa,w	Behandlung
théssi,w	Platz,Sitz
thirîda,w	Schalter
ti	was,was für ein
tîchi,w	Schicksal
tîchos,m	Wand
tiganitós-i-o	gebraten
tilefónima,s	Telefonat
tiléfono,s	Telefon
tilofonó	telefonieren
tilegráfima,s	Telegramm
tilegrafîo,s	Telegraf.-Amt
timî,w	Preis
tîpos,m	Typ
tîpota	nichts

tirî,s	Käse
tónnos,m	Thunfisch
tópos,m	Ort,Land,Gegend
topikós-i-o	einheimisch
tóra	jetzt
tóte	damals
toúrta	Torte
tragoúdi,s	Lied
tragoudó	singen
tram,s	Straßenbahn
trápesa,w	Bank
trapési,s	Tisch
trécho	laufen
tréno,s	Zug
triantáfillo,s	Rose(30Blätter)
trîcha,w	Haar
trîpa,w	Loch
tró(g)o	essen
trópos,m	Art,Weise
tsái	Tee
tsáki,s	Herd
tsigáro,s	Zigarette

V

vagóni,s	Waggon
valîtsa,w	Koffer
vathîs-iá-i	tief
vapóri,s	Schiff
várka,w	Boot
varîs-iá-i	schwer
város,s	Gewicht
váso	anziehen(Kleid.)
vathmós,s	Grad
váthos,s	Tiefe
vdomáda,w	Woche
velóna,w	Nähnadel
vensîni,s	Benzin
verîkoko,s	Aprikose
vévia	sicherlich
vgáso	herausnehmen
vîchas,m	Husten
vîcho	husten
vîma,s	Schritt
vitrîna,s	Schaufenster
vivlîo,s	Buch
vlépo	sehen
vodinó,s	Rindfleisch
vo/îthia,w	Hilfe
voithó	helfen
vorrás,m	Norden
vórias-a-o	nördlich
vounó,s	Berg
voúrtsa,w	Bürste
voutó	tauchen
vrachióli,s	Armband
vráchos,s	Felsen
vrádi	Abend
to vrádi	am Abend
vrastós-i-o	gekocht
vréchi	es rechnet
vrîssi,w	Quelle,Wasserhahn
vrîsko	finden
vrochî,w	Regen

X

xafniká	plötzlich
xanthós-i-o	blond
xechnó	vergessen
xekinó	aufbrechen
xenodochîo,s	Hotel
xénos	Gast,Fremder
xéro	wissen
xerós-i-o	trocken
xîdi,s	Essig
xîlo,s	Holz
xipn(á)ó	wecken,aufwachen
xirîso	rasieren

Peter Rump-Verlag

Bücher für Leute die wissen wollen wo's lang geht!

GLOBETROTTER schreiben für GLOBETROTTER

Bali & Lombok, Peter Rump

Das einzige Globetrotter-Handbuch für die indonesischen Trauminseln Bali und Lombok. Band 19 der Reihe „Globetrotter schreiben für Globetrotter"

Aus dem Inhalt: Reisevorbereitung (Visumbeschaffung und -verlängerung, Impfungen, etc.), Kurzinformationen über Indonesien. Alle Anreisemöglichkeiten vo Jakarta nach Bali und Lombok (Bahn, Bus, Schiff und Flugzeug). Ausführliche Beschreibung der Religionen (Hinduismus, Islam, Wetu-Telu), Sitten und Bräuche (Kultur, Kunst, Tänze, Feste, Magie, Familie), Detailinformationen über Natur, Tiere Landschaft, Pflanzen, Menschen, Klima . . . . .

Alles über öffentliche Verkehrsmittel (vom Einbaum bis zum AC-Bus), Routenbeschreibungen, Vulkanbesteigungen, individuelle Trips. Die preisgünstigste Hotels, die besten Busverbindungen; wo man ißt, schläft, schwimmt, taucht, surft.

Auch Tips zu „heißen" Themen wie z. B. Dope, Knast usw. Über 100 ausführliche Dorf- und Stadtbeschreibungen, Karten, Stadtpläne, Verkehrsschemata. Ausführlicher Sprachführer, tolle Illustrationen; kurz, alles was man braucht.

Kein anderes Buch bietet soviele praktische Tips und Tricks für individuelle Entdeckungsreisen auf diesen indonesischen Inseln.

Neuauflage:
überarbeitet und aktualisiert, wesentlich erweitert und verbessert. (Stand: 1984)
360 Seiten, **Preis 24.80 DM**

Frank P. Herbst, Peter Rump

LAPPLAND

Ein Reisebuch für alle Jahreszeiten durch die letzte Wildnis Europas.

Aus dem Inhalt: Alles über Land und Leute, Natur und Kultur, Nordlicht und Mitternachtssonne. Ausrüstung, Vorbereitung und Durchführung von Reisen nicht nur zum Nordkap: mit dem Auto, zu Fuß oder mit öffentlichen Verkehrsmitteln, als Tramper, Camper oder Wanderer, in Sommer, Herbst und Winter.

Mehr als 100 Ortsbeschreibungen, alle wichtigen Routen, Neben- und Hauptstrecken. Sitten und Gebräuche der Lappen, einst und jetzt, Wanderwege, Nationalparks usw.

Auch Themen wie: Umweltschutz, Alkoholproblem, Unterdrückung der lappischen Minderheit werden behandelt. Mit Beiträgen von GREENPEACE und MINORITY RIGHTS GROUP.

Sonderservice: 30 Seiten Infos über Stockholm, Oslo und Helsinki.

Kein anderes Buch bietet soviele praktische Tips und Tricks für individuelle Entdeckungsreisen zwischen Nordkap und Polarkreis.

320 Seiten, 19 x 12 cm, Paperback, über 100 Karten und Abbildungen.
Erhältlich gegen Voreinsendung von 24,80 DM (Scheck im Brief)

	GEGENWART	AORIST (VERG.)
abfahren	févgo	éfiga
ändern	alláso	állaxa
altern	gernó	gérassa
amüsieren, sich	glentó	gléntissa
anbieten	prosféro	prósfera
anfangen	archíso	árchissa
ankommen	ftáno	éftassa
antworten	apantó	apántissa
anziehen, sich	váso	évala
arbeiten	doulévo	doúlepsa
atmen	anapnéo	anápnevsa
aufbrechen nach	xekinó	xekínissa
ausziehen, sich	vgáso	évgala
baden	káno bánjo	ékana bánjo
bauen	ktíso	éktissa
befreien	eleftheróno	elefthérossa
begreifen,verstehen	katalavéno	katálava
bekommen	lavéno	élava
bestehen,existieren	ipárcho	ipírxa
betreten	béno	bíka
bestellen	parangéllo	parángila
binden, ver-	déno	édessa
bitten	parakaló	parakálessa
bleiben,wohnen	méno	émina
bluten	ematóno	emátossa
brechen, zer-	spáso	éspassa
bringen	férno	éfera
denken	nomíso	nómissa
dursten	dipsó	dípsassa
enden, be-	telióno	telíossa
entfernen	apomakríno	apomákrissa
entschuldigen	ssinchoró	sinchórissa
entwickeln (Foto)	emfaníso	emfánissa
erhitzen	sesténo	séstassa
erinnern	thimíso	thímissa
erkälten	krióno	kríossa
erklären	exigó	exígissa
erlauben	epitrépo	epítrepsa
essen, fressen	trógo	éfaga
fahren, gehen	pigéno,páo	píga
fallen	péfto	épessa
fangen, fassen	piáno	épiassa
fehlen	lípo	élipsa
feiern	giortáso	giórtassa
fischen	psarévo	psárepsa
geben	díno	édossa

DIE WICHTIGSTEN VERBEN IM ÜBERBLICK

	GEGENWART	AORIST (VERG.)
gefallen	aréso	áressa
geschehen	gíni	égine
glauben	pistévo	pístepsa
grüßen	cheretó	cherétissa
halten	krató	krátissa
helfen	voithó	vóithissa
hören	akoúo	ákoussa
Hunger haben	pinó	pínassa
interessieren,sich	endiaféro	endiéfera
kochen	magírevo	magírepsa
kommen	érchome	írtha
kosten	kostíso	kóstissa
lassen	afíno	áfissa
leben	so	síssa
lehren, lernen	mathéno	máthika
lesen	diaváso	diávassa
lieben	agapó	agápissa
machen, tun	káno	ékana
machen, herstellen	ftiáno	éftiassa
malen	sografíso	sográfissa
reden	miló	mílissa
regnen,benässen	vrécho	évrexa
reinigen	katharíso	kathárissa
reisen	taxidévo	taxídepsa
reparieren	epidiorthóno	epidiórthissa
retten	ssóso	éssossa
sammeln	masévo	másepsa
schauen	kitáso	kítaxa
schließen	klíno	éklissa
schneiden	kóvo	ékopsa
schreiben	gráfo	égrapsa
schreien, rufen	fonáso	fónaxa
schwimmen	kolimpó	kolímpissa
sehen	vlépo	ída
senden	stélno	éstila
stehlen	klépto	éklepsa
studieren	spoudáso	spoúdassa
suchen	psáchno	épsaxa
tauchen	voutó	voútixa
tragen	féro	éfera
übersetzen	metapráso	metáfrassa
vergessen	xechnó	xéchassa
verkaufen	pouló	poúlissa
wecken	xipno	xípnissa
wissen	xéro	íxera
zurückkehren	giríso	gírissa

Die Autorin

Karin Spitzing wurde in Litauen geboren und lebt heute in Hamburg. Seit über 20 Jahren kennt sie Griechenland und reist auch heute noch regelmäßig dorthin. Alles was mit Griechenland und den Griechen zu tun hat, interessiert sie sehr, ihr besonderes Interesse gilt aber der griechischen Musik und dem griechischen Tanz. Sie ist Vorsitzende des deutsch-griechischen Tanzkreises **SYRTOS** e.V. in Hamburg, dessen Intention sich nicht nur auf das musische beschränkt, sondern darüberhinaus auch darauf gerichtet ist, Ausländer und Deutsche einander näher zu bringen. Sie ist ständig darum bemüht, ihre Griechisch-Kenntnisse zu verbessern weil sie der Meinung ist, daß echtes Verständnis ohne Sprache nicht möglich ist.